Mitläufer im Nationalsozialismus und ihre Darstellung in der Literatur

von

Daniela Trautmann

Tectum Verlag
Marburg 2005

Trautmann, Daniela:
Mitläufer im Nationalsozialismus und ihre
Darstellung in der Literatur
/ von Daniela Trautmann
- Marburg : Tectum Verlag, 2005
ISBN 978-3-8288-8891-3

© Tectum Verlag

Tectum Verlag
Marburg 2005

Ich widme dieses Buch meiner Mutter, Ingeborg Trautmann.
Du bist mir immer ein Vorbild. Danke für die Unterstützung!

„Damals waren es die Juden…
Heute sind es dort die Schwarzen,
hier die Studenten…
Morgen werden es vielleicht die Weißen,
die Christen oder die Beamten sein…"

aus: „Damals war es Friedrich" von Hans Peter Richter

Inhaltsverzeichnis

Einleitung 9

1. Forschungsstand 14
   1.1 Allgemeine Forschungsrichtungen zur Mitläuferthematik 14
   1.2 „Mephisto", „Die Brüder Lautensack" und „Hundejahre" und die Figur des Mitläufers 17

2. Definition des „Mitläufers" 22

3. Die Darstellung der Mitläufer in der Literatur 44
   3.1 „Mephisto" von Klaus Mann 44
     3.1.1 Der Künstler Hendrik Höfgen als Figur des Mitläufers 44
     3.1.2 Die sprachlichen und stilistischen Mittel des Romans 50
     3.1.3 Die Symbolik des Romantitels 53
     3.1.4 Klaus Mann und das Buch 56
     3.1.5 Schlüsselroman 58
   3.2 „Die Brüder Lautensack" von Lion Feuchtwanger 66
     3.2.1 Der Hellseher Oskar Lautensack als Figur eines Mitläufers ... 66
     3.2.2 Sprachbetrachtung des Romans 70
     3.2.3 Lion Feuchtwangers Situation im Zweiten Weltkrieg 74
     3.2.4 Das Leben des Vorbildes Erik Jan Hanussen 77
   3.3 „Hundejahre" von Günter Grass 85
     3.3.1 Der „Bürger" Walter Matern als Mitläuferfigur 85
     3.3.2 Die sprachlichen und stilistischen Mittel des Romans 91
     3.3.3 „Hundejahre": Ein doppeldeutiger Titel 96
     3.3.4 Die Entstehungsgeschichte des Romans 99
     3.3.5 Die Danzig-Trilogie 103

4. Abschlussbetrachtung 108

Fazit 113

Anhang 115
   Anhang A: Das Autoritäts- und Herrschaftsmodell 115
   Anhang B: Das Macht- und Gewaltmodell 116
   Anhang C: Destruktives Verhalten in Abwesenheit sozialer Kontrolle . 117
   Anhang D: Destruktives Verhalten unter Konformitätseinfluss 118

Anhang E: Bedingungsfaktoren konformen / autoritätsgehorsamen
              Verhalten.. 119
Anhang F: Täterverteilung (unter Einbeziehung der
              „Autoritätsgläubigen") 120
Anhang G: Der Widerstand gegen die Euthanasie-Programme 121

Bibliographie..**122**

Einleitung

In vielen Abhandlungen[1] wird das Thema des Widerstandes gegen den nationalsozialistischen Staat besprochen, doch die Rolle des Mitläufers im Dritten Reich ist ein Umstand, über den geschwiegen wird. So müssen sich noch viele Wissenschaftler bewusst werden, dass ohne die Mitläufer Hitler nicht an die Macht gekommen wäre. Ein historisches Faktum ist es, dass wesentlich mehr Deutsche als Mitläufer als als Widerstandskämpfer bezeichnet werden können. So ist die tragende Kraft Hitlers die stillschweigende anonyme Menge gewesen.

Die vorliegende Arbeit beschäftigt sich genau mit dieser Masse der Mitläufer. Nach der Analyse des Forschungsstandes (Kapitel eins) werden im ersten Teil der Arbeit die Begriffe „Autorität" und „Herrschaft" im Sinne Max Webers[2] besprochen. Zur Veranschaulichung sind diesem Kapitel verschiedene Modelle und Zeichnungen angehängt. Mehrere Versuche, wobei das „Milgram-Experiment"[3] das bekannteste ist, werden mit der Frage nach der Schuld und Mittäterschaft der Deutschen weitere Einblicke in das Modell des Opportunisten liefern. Das Bild des typischen Mitläufers und eine einfache Skizzierung des Verhaltens, welches aus der Diskussion entsteht, soll die Grundlage für die weitere Analyse bilden (Kapitel zwei).

Im Hauptteil der Arbeit (Kapitel drei) wird auf die Darstellung der Mitläufer in der deutschen Literatur eingegangen. Durch die Analyse von drei Romanen sollen die jeweiligen Mitläuferfiguren - durch den Blickwinkel von Schriftstellern betrachtet – in ihrer differenzierten Ausgestaltung gegenüber gestellt werden. Das erste im

---

1   Gross, Leonard: Versteckt, Wie Juden in Berlin die Nazi-Zeit überlebten. Reinbek bei Hamburg: Rowohlt 1983; Brekle, Wolfgang: Schriftsteller im antifaschistischen Widerstand 1933-1945 in Deutschland. 2. Auflage. Berlin: Aufbau-Verlag 1990; Klönne, Arno: Gegen den Strom, Bericht über den Jugendwiderstand im Dritten Reich. Hannover: Norddeutscher Goedel Verlag 1957, dies sind Beispiele für Abhandlungen, die sich nur mit dem Widerstand im Dritten Reich beschäftigen.
2   Weber, Max: Wirtschaft und Gesellschaft, Grundriß der verstehenden Soziologie. Band 1 und 2, 5. rev. Auflage. Tübingen: Mohr 1972.
3   Milgram, Stanley: Das Milgram-Experiment, Zur Gehorsamsbereitschaft gegenüber Autorität. 13. Auflage. Reinbek bei Hamburg: Rowohlt 2003.

Rahmen dieser Arbeit thematisierte Buch ist „Mephisto"[4] von Klaus Mann. Das Werk gewann 1966[5] an Berühmtheit, weil es wegen eines Gerichtsurteils nicht mehr veröffentlicht werden durfte. Es war umstritten, da viele Kritiker noch heute glauben, dass hier Gustaf Gründgens als Mitläufer des nationalsozialistischen Regimes dargestellt wird. Die Figur des Hendrik Höfgen, ein angesehener Künstler der dreißiger Jahre, verkörpert das Bild eines Mitläufers von Hitler. Höfgen schwimmt mit der Welle des Nationalsozialismus und erlangt großen Erfolg und viel Macht.

Das zweite Werk, das in der Untersuchung analysiert werden soll, heißt „Die Brüder Lautensack"[6], welches Lion Feuchtwanger im Exil in den Vereinigten Staaten von Amerika schrieb. Der Protagonist des Romans, Oskar Lautensack, dessen Figur auf den Hellseher Hitlers, Erik Jan Hanussen, zurückgeht[7], ist der Prototyp eines berühmten Mitläufers, der jedoch nur für kurze Zeit in der Gunst des Regimes stand. Das eher weniger bekannte Buch veröffentlichte der Schriftsteller, nachdem er eine Reihe von Werken geschrieben hatte, die sich mit dem Widerstand beschäftigen. Lion Feuchtwanger hat zu dieser Zeit schon in Amerika gelebt und hier auch seine Werke veröffentlicht. Der Roman war also in erster Linie für ein englischsprachiges Publikum gedacht. Daher war er „leicht" verständlich und reizte das deutsche Publikum nicht besonders.

Das dritte bekannte Buch trägt den Titel „Hundejahre"[8] und ist von Günter Grass im Jahre 1963 geschrieben worden. Er ist der Einzige der drei Schriftsteller, der sein Buch erst nach dem Zweiten Weltkrieg geschrieben hat. Das Werk ist eingebunden in eine Trilogie von Romanen, die sich alle mit dem Thema des Mitläufertums im Dritten Reich beschäftigen. Das letzte Werk der Danzig-Trilogie

---

4   Mann, Klaus: Mephisto, Roman einer Karriere. 2. Auflage. Hamburg: Rowohlt 2001.
5   Siehe Urteil bei Spangenberg, Eberhard: Karriere eines Romans, Mephisto, Klaus Mann und Gustaf Gründgens. Hamburg: Rowohlt 1986, S. 173 und 185.
6   Feuchtwanger, Lion: Die Brüder Lautensack. Gesammelte Werke in Einzelbänden, Band 10. Berlin/Weimar: Aufbau-Verlag 1994.
7   Schneider, Sigrid: „Double, double, toil and trouble", Kritisches Zu Lion Feuchtwangers Roman „Die Brüder Lautensack", S. 643 f. In: Modern Language Notes, Volume 95, Nummer 3, Baltimore, April 1980, S. 641-654.
8   Grass, Günter: Hundejahre. Neuwied am Rhein/Berlin: Luchterhand 1963.

wird in diese Analyse eingebunden, weil hier, nicht wie bei der „Blechtrommel", aus der Sichtweise eines Erwachsenen erzählt wird. „Katz und Maus", das zweite Werk dieser Trilogie, ist eigentlich nur ein Stück aus den „Hundejahren". Denn Günter Grass schrieb zuerst die „Hundejahre", wobei er herausfand, dass er aus bestimmten Episoden des Romans ein eigenes Werk entwickeln könnte. So entstand „Katz und Maus", welches früher veröffentlicht wurde. Walter Matern, einer der beiden Protagonisten der „Hundejahre", ist ein Beispiel für das Kleinbürgertum im Nationalsozialismus, das eng mit der Mitläuferthematik verknüpft ist.

Diese drei Werke sind wegen der Verschiedenartigkeit der Mitläuferfiguren, Einstellungen und Lebensumstände der Autoren für die Analyse interessant. Hier zeigt sich, welche Vielfalt an Formen und Möglichkeiten literarische Werke über das Mitläufertum aufweisen können.

In der vorliegenden Arbeit werden die Romane dazu einzeln untersucht. Nachdem die jeweilige Figur des Mitläufers und seine Umwelt charakterisiert worden sind, werden die sprachlichen und stilistischen Mittel untersucht. Bei der Analyse von „Mephisto" und „Hundejahre" wird zudem explizit auf die Bedeutung der Romantitel eingegangen, da diese durch ihre Symbolträchtigkeit für das Thema dieser Arbeit von Bedeutung sind.

Ein Blick auf die jeweilige Lebenssituation des Autors, während er dieses Werk schrieb, soll seine Motivation für die Auswahl des Themas zeigen. Zum Abschluss der drei Romananalysen werden die Werke in Bezug auf zentrale Punkte untersucht. Bei Klaus Manns „Mephisto" ist nachzufragen, warum er als Schlüsselroman[9] gilt. Nachdem das Werk erschienen war, fühlten sich viele deutsche Künstler[10] als Mitläuferfiguren in seinem Werk festgehalten, was sie

---

9 Wirkliche Personen und Geschehnisse sind mehr oder weniger maskiert in einen Roman eingebaut. Dieser Stil war besonders im Barock und den fünfziger Jahren des 20. Jahrhunderts beliebt. Meist sind Schlüsselromane als Satire aufgebaut, siehe Ferchl, Wolfgang: Zwischen „Schlüsselroman", Kolportage und Artistik, Studien zur gesellschaftskritisch-realistischen Romanliteratur der 50er Jahre in der Bundesrepublik Deutschland in ihrem sozialgeschichtlichen und poethologischen Kontext. Amsterdamer Publikationen zur Sprache und Literatur, Band 93. Amsterdam: Rodopi 1991, S. 298 ff.

10 Wie unter anderem Gustaf Gründgens, Carl Sternheim, Gottfried Benn, siehe Urs, Jenny: „Tanz auf dem Vulkan. Mephisto, Die Gründgens-

ärgerte.[11] Klaus Mann wurde Voyeurismus vorgeworfen - eine Behauptung, die bis heute Bestand hat und der in dieser Arbeit nachgegangen wird.[12]

Im Werk „Die Brüder Lautensack" floss die Biographie des Hellsehers Erik Jan Hanussen mit ein, was Lion Feuchtwanger nicht abstreitet.[13] Er hat Ereignisse aus dem Leben von Hanussen bewusst benutzt, um seine Geschichte über Oskar auszuschmücken. Wie viel davon tatsächlich auf der Lebensgeschichte Hanussens basiert und ob es ein Schlüsselroman ist, bleibt im letzten Kapitel in der Analyse des Romans zu klären.

Die oben bereits angesprochene Danzig-Trilogie soll bei der Untersuchung des Werkes von Grass zum Tragen kommen. Ein erstaunlicher Faktor dabei ist, dass die drei Romane ein Welterfolg wurden, obwohl sie alle die Mitläuferschaft im Dritten Reich zum Thema haben.[14] Das erste Werk der Trilogie ist der Welterfolg „Die Blechtrommel", zwei Jahre später erschien „Katz und Maus" und die 1963 erschienenen „Hundejahre" wurden mit Begeisterung gefeiert. Im Rahmen dieser Arbeit werden wichtige Gemeinsamkeiten der drei Werke untersucht.

Nachdem jede Figur des Mitläufers einzeln untersucht worden ist, sollen sie in der Abschlussbetrachtung miteinander und mit der Realität verglichen werden. Das Ziel ist es, herauszufinden, ob es dabei Übereinstimmungen gibt. Eine zentrale Rolle spielen bei dieser Überlegung das Alter und die Herkunft der Schriftsteller sowie ihre Erfahrungen im Dritten Reich. Diese Erlebnisse könnten sich auf die

---

    Legende", S. 229. In: Der Spiegel, 35. Jahrgang, Nummer 40, 28.9.1981, S. 228-238 und Hanns Johst. Spangenberg (1986), S. 90 und 99.

11   Wie zum Beispiel Hanns Johst, ebd., S. 99.

12   Siehe zum Beispiel: Lohmeier, Anke-Maria: „Es ist also doch ein sehr privates Buch, Über Klaus Manns ‚Mephisto', Gustaf Gründgens und die Nachgeborenen". In: Klaus Mann. Hrsg. von Heinz Ludwig Arnold. Text und Kritik, Zeitschrift für Literatur, Heft 93/94. Göttingen: edition text und kritik Januar 1987, S. 100-129; Reich-Ranicki, Marcel: Die Ungeliebten, Sieben Emigranten aus Wissenschaft und Dichtung. Stuttgart: Neske 1968, S. 43-50.

13   Feuchtwanger, Lion - Arnold Zweig, Briefwechsel 1933-1958. Hrsg. von Harold von Hofe. Band 1. Berlin/Weimar: Aufbau-Verlag 1984, S. 265; Sternburg, Wilhelm von: Lion Feuchtwanger, Ein deutscher Schriftsteller. Berlin: Ullstein 1999, S. 467.

14   Wie bereits angedeutet, ist das Thema des Mitläufertums im Dritten Reich kein Thema, das schon oft besprochen worden ist.

Schreibsituation der Autoren ausgewirkt haben. Auch Emotionen spielen eine große Rolle. Aus diesem Blickwinkel ist es wichtig, festzustellen, wie umfassend der Einblick der Schriftsteller ihrerseits in die Geschehnisse der nationalsozialistischen Jahre in Deutschland gewesen ist. Die Autoren verfremden in den Werken Informationen, so dass sie nicht immer den geschichtlichen Fakten entsprechen. Die von den Autoren geschaffenen Figuren basieren auf realen Vorbildern, wurden aber literarisch verfremdet. Dies zeigt, dass es erforderlich ist, zu analysieren, wie die Mitläufer in der Literatur dargestellt werden. Zum Schluss dieser Arbeit wird neben einer Zusammenfassung ein Fazit gezogen, welches einen Ausblick auf weitere Forschungsfragen zu diesem Thema gibt.

1. Forschungsstand

1.1 Allgemeine Forschungsrichtungen zur Mitläuferthematik

In dieser Abhandlung werden drei Typen des Mitläufers charakterisiert: Der Künstler, die berühmte Persönlichkeit und der Bürger. Einige der Künstler, welche mitgeholfen haben, das nationalsozialistische Regime an die Macht zu bringen oder zu unterstützen, sind nach dem Zweiten Weltkrieg von den Entnazifizierungsprozessen freigesprochen worden[15] oder sind in Vergessenheit geraten[16].

Am Anfang der Diskussion steht die Frage, wer ein Mitläufer ist und wie ihn die Wissenschaft definiert. Doch zuvor muss die Frage geklärt werden, was Herrschaft und Autorität ist. Denn Autorität und Herrschaft sind grundlegend für jede Diktatur. Macht und Gewalt sind ihre Instrumente, um die Diktatur durchzusetzen. Seit Adam Smith und Georg Wilhelm Friedrich Hegel sind Autorität und

---

15 Zum Beispiel Gustaf Gründgens: Er hat während des nationalsozialistischen Regimes eine beispiellose Karriere gemacht. Der Schauspieler ist bis zum Theaterdirektor aufgestiegen. Nach dem Krieg wurde er vom britischen und russischen Entnazifizierungsausschuss freigesprochen, weil er Juden geholfen hat, aus Deutschland zu fliehen. Seine Begründung, warum er in Deutschland blieb, lautete: „[…] weil ich zu diesem Zeitpunkt für das Wohl und Wehe von fünf Menschen verantwortlich war […]" (Gründgens, Gustaf : Briefe, Aufsätze, Reden. Hrsg. von Rolf Badenhausen und Peter Gründgens-Gorski. München: Hoffmann und Campe1970, S. 78). Im Nachkriegsdeutschland hat er eine beispiellose Karriere hingelegt.

16 Ein Beispiel dafür ist der Schauspieler Emil Jannings. Er wurde vor dem Entnazifizierungsausschuss für schuldig befunden. Jannings bekam Auftrittsverbot für den Rest seines Lebens und starb kurze Zeit später. Im Nachkriegsdeutschland ist der Schauspieler in Vergessenheit geraten. In den Prozessen behauptete er, wie viele seiner Kollegen, dass er Juden zur Flucht verholfen habe. Er war kein Mitglied der NSDAP. Schon vor dem nationalsozialistischen Regime war Jannings in Deutschland ein berühmter Künstler, der als erster und einziger deutscher Schauspieler jemals den Oskar als „Bester Schauspieler" bekommen hat, siehe „1884 - 1950 - Emil Jannings - Schauspieler". www.dhm.de/lemo/ html/biografien/JanningsEmil/ - Stand: 02.01.2004; „Emil Jannings". www.cyranos.ch/smjann-d.htm - Stand 02.01.2004. Noch heute ist er bekannt als Professor Unrat im „Blauen Engel".

Herrschaft untrennbar miteinander verbunden. In dieser Analyse werden diese vorrevolutionären Soziologen außen vorgelassen. Die beiden Wissenschaftler, deren Theorien bedeutend für die Nachkriegszeit hinsichtlich dieser Thematik waren, sind Karl Marx und Max Weber. Mit dem Namen Karl Marx sind gleichzeitig Begriffe wie „Klassenkampf" oder „Diktatur des Proletariats" verbunden. Ausdrücke, die nicht mit dem totalitären Staat Hitlers konform sind. Max Weber dagegen hat eine detaillierte Herrschaftssoziologie ausgearbeitet, die bis heute Gültigkeit hat. Manfred Hennen und Wolfgang-Ulrich Prigge[17] haben auf dieses System ihre Modelle zur Autorität und Herrschaft aufgebaut. Auch Hannah Arendt[18] hat sich auf Max Webers Theorien gestützt, wobei sie mehr auf den Gewaltaspekt der Fragestellung eingeht.

Die wichtigsten Rezeptionen in diesem Zusammenhang sind die Experimente, die zu diesem Thema durchgeführt wurden. Der Versuch, der an der Stanford-Universität unter der Leitung von Professor Zimbardo[19] stattfand, indem eine Gefängnissituation über mehrere Tage aufrechterhalten wurde, hat zu weiteren Einblicken in das Thema des Mitläufers geführt. Für diese Analyse sind die Ergebnisse jedoch nicht so interessant wie die Aufzeichnungen von Stanley Milgram[20], der mit seinem Beitrag die Gehorsamsbereitschaft gegenüber einer Autoritätsperson überprüfte. Nachdem die Untersuchungen veröffentlicht wurden, entstand sich nicht nur in Deutschland die Überlegung, dass die hohe Rate der Gehorsamsbereiten die Mitläuferschaft im Dritten Reich belegt. Christopher Browning[21] hat diesen Umstand in mehreren seiner Abhandlungen belegt. Das „Gehorsam-Paradigma" hat er mit der Geschichte des Polizeiba-

---

17 Hennen, Manfred und Prigge, Wolfgang-Ulrich: Autorität und Herrschaft. Erträge der Forschung, Band 75. Darmstadt: Wissenschaftliche Buchgesellschaft 1977.
18 Arendt, Hannah: Macht und Gewalt. München: Piper 1970.
19 Zimbardo, Philip: „Stanford-Gefängnis-Experiment". www.prisonexp.org./german/slide1g.htm – Stand: 26.1.2004.
20 Milgram, Stanley: Das Milgram-Experiment, Zur Gehorsamsbereitschaft gegenüber Autorität. 13. Auflage. Reinbek bei Hamburg: Rowohlt 2003.
21 Browning, Christopher R.: Der Weg zur „Endlösung" – Entscheidung und Täter. Bonn/Dietz: Dietz 1998 und Browning, Christopher R.: Ganz normale Männer – Das Reserve-Polizeibataillon 101 und die „Endlösung" in Polen. Neuausgabe 20.-29.Tausend. Reinbek bei Hamburg: Rowohlt 1996.

taillons 101[22] verglichen.[23] Der wichtigste Gegenspieler in dieser Diskussion ist Daniel Jonah Goldhagen mit seiner Hintergrundgeschichte „Hitlers willige Vollstrecker. Ganz gewöhnliche Deutsche und der Holocaust"[24]. Ihm ist wichtig, im Gegensatz zu Milgram und Browning, aufzuzeigen, dass die Täter nicht willenlose Mörder sind. Für ihn ist die nationalsozialistische Ideologie, der „bösartige Antisemitismus", die ausschlaggebende Motivation für den Genozid an den Juden.

> „Die ersten Schritte des antijüdischen Programms, der systematische Ausschluß der Juden vom deutschen Wirtschafts- und Gesellschaftsleben, wurden in aller Öffentlichkeit, mit Zustimmung und Mitwirkung buchstäblich aller Schichten der deutschen Gesellschaft unternommen; Juristen, Mediziner und Lehrer, die katholische und die evangelische Kirche sowie die ganze Palette der wirtschaftlichen, gesellschaftlichen und kulturellen Gruppen und Verbände beteiligten sich daran."[25]

In seiner Abhandlung sind die Deutschen als Einheit an den Morden schuld. Bei den anderen Opfergruppen, wie unter anderem bei den osteuropäischen Verfolgten, habe es nie diese gewalttätigen Ausschreitungen wie bei der Judenverfolgung gegeben.[26] Die Eigeninitiative bei der Ermordung einzelner oder Gruppen von Juden ginge auf die Lust zu quälen zurück. Den Gehorsams- und Konformitätsdruck, den viele Deutsche nach dem Zweiten Weltkrieg als

---

22 Die deutsche Wehrmacht marschierte im September 1939 in Polen ein. Das Polizeibataillon 101 aus Hamburg wurde zu diesem Zeitpunkt in den Heeresverband eingegliedert und nach Polen geschickt. Ende 1939 kehrte das Bataillon nach Hause zurück, wo es 100 Männer abgeben musste. An ihre Stelle kamen zu dem Reserve-Bataillon Reservisten. Im Mai 1940 wurden die Polizisten wieder nach Polen geschickt, wo sie mit der Aufgabe der Vertreibung der Juden beauftragt wurden. Die Deutschen, die in Russland lebten, wurden „Heim ins Reich" geholt. Bis zu 900 jüdische Familien siedelte das Bataillon an einem Tag um. Dabei gab es Übergriffe auf die evakuierten Juden. Diese Einheit von 500 Männern wurde mit der Endlösung der Juden in Polen beauftragt, ebd., S. 59 ff.

23 Ebd., S. 227 ff.

24 Goldhagen, Daniel Jonah: Hitlers willige Vollstrecker, Ganz gewöhnliche Deutsche und der Holocaust. Berlin: Goldmann 1996.

25 Ebd., S. 20.

26 Ebd., S. 149.

Entschuldigung anführten, lässt er nicht gelten.[27] Goldhagens Beurteilung ist mit der in dieser Analyse vertretenden Meinung nicht konform. Die Motivation des Wissenschaftlers, dieses Werk zu schreiben, hat einen ähnlichen Ursprung wie Günter Grass' Aufarbeitung des Dritten Reiches in seinen Romanen:

> „Nur wenige Leser werden sich noch nie die Frage gestellt haben, was die Täter zum Töten veranlaßte. Die meisten werden sich auch eine Antwort darauf zurechtgelegt haben, in der Regel wohl nicht aus einer intimen Kenntnis der Täter und ihrer Handlungen, sondern in erster Linie auf der Grundlage von Vorstellungen, die sich jeder über die Natur des Menschen und das gesellschaftliche Leben macht."[28]

Der allgemeine Schwerpunkt in der Forschung ist jedoch den bekannten Helfern Hitlers gewidmet. Nur langsam fängt eine neue Generation an, nach den mittelständischen und kleinbürgerlichen Mitläufern zu suchen und ihre Motivation zu analysieren.

1.2 „Mephisto", „Die Brüder Lautensack" und „Hundejahre" und die Figur des Mitläufers

Die drei zu untersuchenden Romane sind Ausnahmen in der Vielzahl an Werken, welche die Geschichte des Widerstandes zum Thema haben. In der Exilliteratur wurde das Thema der Mitläufer nicht oft bearbeitet[29]; einerseits aus Furcht vor dem Verstehen des Anderen, andererseits aus Desinteresse an den Daheimgebliebenen. Der Widerstand lag den Exilanten näher. Für die Schriftsteller war es wahrscheinlich selbstverständlicher über die Menschen zu schreiben, welche die gleiche Gesinnung hatten, als über Menschen, die eine gegensätzliche Ideologie vertraten. Eine Geschichte über Mitläufer bedeutet, sich in eine andere, nicht vertraute Rolle hineinzufinden.

---

27 Ebd., S. 448 f.
28 Ebd., 17 f.
29 Viele der Exilliteraten schrieben eher über den Widerstand und die Juden, wie unter anderem die Wartesaal-Trilogie oder Keun, Irmgard: Nach Mitternacht. Stuttgart: Klett 1982.

Die drei Romane dieser Analyse sind von der Literaturkritik unterschiedlich aufgenommen worden. Neben „Der Vulkan"[30] und „Der Wendepunkt"[31] ist „Mephisto"[32] das bekannteste Werk Klaus Manns. Besonders die Erscheinungsgeschichte und das Verbot des Romans haben zum hohen Bekanntheitsgrad beigetragen. Klaus Manns Werke werden in Früh- und Exilwerke eingeteilt. „Mephisto" gehört in die zweite Kategorie. Die gesamte Exilliteratur wird im Allgemeinen in mehrere Phasen untergliedert. Begonnen wird mit Lion Feuchtwangers „Die Geschwister Oppenheim", welches die erste literarische Publikation mit Blick auf das neue nationalsozialistische Deutschland darstellt. In der Lektüre wird versucht, ein objektives Bild von Deutschland aus der Sicht von Juden zu geben. Hans-Albert Walter eröffnet die zweite Phase mit Klaus Manns Roman „Mephisto", der eine deutliche Revision der Vorstellung des Dritten Reiches darstellt. [33]

Eine der wichtigsten Werke für die Hintergrundrecherche ist gewiss Eberhard Spangenbergs „Karriere eines Romans. Mephisto, Klaus Mann und Gustaf Gründgens"[34]. Diese Komprimierung aller wichtigen Ereignisse in und um den „Mephisto" gibt einen umfassenden Überblick über das Werk. Interessant in diesem Hinblick außerdem der Aufsatz von Anke-Marie Lohmeier ist „Es ist also doch ein sehr privates Buch. Über Klaus Manns „Mephisto", Gustaf Gründgens und die Nachgeborenen"[35]. Sehr aufschlussreich für die Vater-Sohn-Beziehung ist der Beitrag von Gerhard Härle. Für das letzte Kapitel zu Klaus Manns „Mephisto" ist die Abhandlung von Sylvia Klein-

---

30   Mann, Klaus: Der Vulkan, Roman unter Emigranten. 16. Auflage. Reinbek bei Hamburg Rowohlt 2002 a.
31   Mann, Klaus: Der Wendepunkt, Ein Lebensbericht. 14. Auflage. Reinbek bei Hamburg: Rowohlt 2002 b.
32   Mann, Klaus: Mephisto, Roman einer Karriere. 2. Auflage. Hamburg: Rowohlt 2001.
33   Nach Maltzan, Carlotta von: Masochismus und Macht, Eine kritische Untersuchung am Beispiel von Klaus Manns „Mephisto. Roman einer Karriere". Stuttgart: Heinz 2001, S. 27.
34   Spangenberg, Eberhard: Karriere eines Romans, Mephisto, Klaus Mann und Gustaf Gründgens. Hamburg: Rowohlt 1986.
35   Lohmeier, Anke-Maria: „Es ist also doch ein sehr privates Buch, Über Klaus Manns ‚Mephisto', Gustaf Gründgens und die Nachgeborenen". In: Klaus Mann. Hrsg. von Heinz Ludwig Arnold. Text und Kritik, Zeitschrift für Literatur, Heft 93/94. Göttingen: edition text und kritik Januar 1987, S. 100-129.

teich, da sie ebenfalls ausführlich über den Schlüsselroman diskutiert, relevant. Weiterhin gibt es zu Klaus Mann viele Abhandlungen über die unterschiedlichsten Themen, wobei immer wieder die Homosexualität und der berühmte Vater eine Rolle spielen.

Zu Lion Feuchtwangers „Die Brüder Lautensack" gibt es in der literaturwissenschaftlichen Forschung nur wenige Beiträge. Meist gehen nur Kritiker und Biographen darauf ein. Sie betrachten hierbei das Gesamtwerk des Autors, wobei dem Roman nur wenig Aufmerksamkeit geschenkt wird.

> „Ich halte seine Darstellung für nicht zureichend gegenüber diesem gewaltigen historischen Stoff. Zwar stellt Feuchtwanger seine satirische Zeichnung auf eine recht breite wirtschaftlich- politische Grundlage, aber mir scheint, dass im Kern der Charakteristik der Hitlerzeit etwas Wesentliches fehlt, sodass der innere Zusammenhang der weltgeschichtlichen Ereignisse nicht überzeugend dargestellt wird." [36]

Die Oberflächlichkeit, welche die Kritiker dem Werk zusprechen, ist wohl unter anderem der Grund für dieses Verhalten. Für das US-amerikanische Publikum geschrieben, wird der Roman in die deutsche Sprache übersetzt und findet im Nachkriegsdeutschland keine Aufmerksamkeit - ein Umstand, der das Werk in Vergessenheit geraten lässt.

Da es nur wenige Kritiker gibt, die sich mit Lion Feuchtwangers Roman „Die Brüder Lautensack" auseinander gesetzt haben, fällt hier Joseph Pischels Biographie[37] über Feuchtwanger auf. In ihr beschäftigt sich der Autor unter anderem mit dem Werk „Die Brüder Lautensack". Er gibt in kurzen Worten die Darstellung der Figuren treffend wieder und zeigt die Ziele Feuchtwangers auf. Auch Bertold Brecht hat sich zur Zeit des Erscheinens des Romans mit diesem befasst. Da Brecht Feuchtwanger in Kalifornien öfters persönlich traf, sind in seinem „Arbeitsjournal"[38] Anmerkungen zu Lion Feuchtwangers Schreibstil, Ziel des Werkes und allgemeine Äuße-

---

36 Berendsohn, Walter A.: Der Meister des politischen Romans: Lion Feuchtwanger. Schriften des Deutschen Institutes der Universität Stockholm. Stockholm: 1976, S. 86.
37 Pischel, Joseph: Lion Feuchtwanger, Versuch über Leben und Werk. Röderberg Biographien. Frankfurt am Main: Röderberg 1984.
38 Brecht Bertolt: Arbeitsjournal, Erster Band 1938 bis 1942. Hrsg. Von Werner Hecht. Frankfurt am Main: Suhrkamp 1973.

rungen zu den politischen Begebenheiten in Deutschland festgehalten.

„Die Hundejahre" von Günter Grass hat im Gegensatz zu seinem Erstlingswerk[39] nicht so viel Aufmerksamkeit auf sich gezogen. Anders als die anderen beiden hier thematisierten Schriftsteller hat Grass dieses Werk nicht in der Zeit des Nationalsozialismus geschrieben. Er hat zwar auch den Krieg erlebt, doch war er wesentlich jünger als Mann und Feuchtwanger. So schrieb er das Werk erst im Jahre 1963 und besaß zu diesem Zeitpunkt einen retrospektiven Überblick über die Ereignisse zwischen der Machtübernahme Hitlers und dem Ende des Zweiten Weltkrieges. Günter Grass ist der einzige der drei Schriftsteller, dem die Auswirkungen des Krieges bekannt sind. Ein weiterer Vorteil für ihn bestand darin, dass er wusste, es gibt ein „Leben nach Hitler". Zusammengefasst mit den anderen Romanen der Danzig-Trilogie werden die „Hundejahre" in vielen Beiträgen[40] zum Gesamtwerk Günter Grass` besprochen. Der „Blechtrommel" gebührt meist mehr Aufmerksamkeit als den anderen beiden Werken. So wird in den ersten Jahren nach der Veröffentlichung „Hundejahre" meist mit der „Blechtrommel" verglichen. Erst in den siebziger Jahren, in den Analysen von Neuhaus[41], Durzak[42], Brode[43], Richter[44] und Schröder[45], werden die „Hundejahre" als allein stehendes Werk betrachtet. Zu den sprachlichen und stilistischen Mitteln dieses Romans gibt es eine wichtige, sehr aus-

---

39 Grass, Günter: Die Blechtrommel. Wien: Bertelsmann 1974.
40 Wie bei Brode, Hanspeter: Günter Grass. München: edition text und kritik 1979, S. 52–103.
41 Neuhaus, Volker: Günter Grass, 2. Auflage, Sammlung Metzler. Stuttgart: Metzler 1992.
42 Zu Günter Grass: Geschichte auf dem poetischen Prüfstand. Hrsg. von Manfred Durzak. 1. Auflage. Literaturwissenschaft – Gesellschaftswissenschaft, LGW-Interpretationen. Stuttgart: Klett 1985.
43 Brode, Hanspeter: Günter Grass. München: edition text und kritik 1979.
44 Richter, Frank-Raymund: Günter Grass, Die Vergangenheitsbewältigung in der Danzig-Triologie. Bonn: Bouvier 1979 und Richter, Frank: Die zerschlagene Wirklichkeit, Überlegungen zur Form der Danzig-Trilogie von Günter Grass. Abhandlungen zur Kunst-, Musik- und Literaturwissenschaft, Band 235. Bonn: Bouvier 1977.
45 Schröder, Susanne: Erzählerfiguren und Erzählperspektive in Günter Grass` „Danziger Trilogie". Europäische Hochschulschriften, Reihe I, Deutsche Sprache und Literatur, Band 784. Frankfurt am Main: Lang 1986.

führliche Abhandlung: „Günter Grass. Wort, Zahl, Gott. Der ‚phantastische Realismus' in den Hundejahren"[46] von Michael Harscheidt.

---

46 Harscheidt, Michael: Günter Grass, Wort – Zahl - Gott, Der ‚phantastische Realismus' in den Hundejahren. Abhandlungen zur Kunst-, Musik- und Literaturwissenschaft, Band 210. Bonn: Bouvier 1976.

2. Definition des „Mitläufers"

Max Weber, neben Karl Marx der einflussreichste Soziologe unserer Zeit, hat eine detaillierte Herrschafts-Soziologie ausgearbeitet. Im Unterschied zu Marx hat Weber die Macht als Instrument der Herrschaft definiert.[47] Autorität und Herrschaft sind grundlegend für die Diktatur. Macht und Gewalt sind ihre Instrumente, um die Diktatur durchzusetzen. Max Weber sagt dazu:

> „Wir vergegenwärtigen uns daher nur, daß es, neben zahlreichen anderen möglichen, zwei polar einander entgegengesetzte Typen von Herrschaft gibt. Einerseits die Herrschaft kraft Interessenkonstellation [...] und andererseits die Herrschaft kraft Autorität (Befehlsgewalt und Gehorsamspflicht)."[48]

Max Weber macht deutlich, dass Herrschaft ein wichtiges Element im Zusammenleben der Menschen ist. Macht und Gewalt spielen dabei eine große Rolle. Macht bedeutet, die eigene Meinung in einer sozialen Beziehung auch gegen Widerstand durchzusetzen. Dabei unterscheidet Weber zwischen zwei Arten von Sozialstruktur. Für ihn gibt es die „Vergemeinschaftung" und die „Vergesellschaftung". In der Vergemeinschaftung fühlen die Menschen sich zusammengehörig in einer Gruppe. Es entsteht ein Intimitätsgefühl, besonders, da sich die Mitglieder untereinander kennen.[49] Die Autorität wird durch Gefühle, wie zum Beispiel durch Liebe, Glauben, Vertrauen und Verpflichtung, repräsentiert.

In der Vergesellschaftung entsteht Autorität durch Interessenausgleich oder Interessenverbindungen.[50] Diese Verbindungen sind charakteristisch für die Situation auf dem freien Markt. Die führenden Anbieter entwickeln und kontrollieren die Herrschaftsstruktur, dabei entwickelt sich ein Kampf zwischen den verschiedenen Parteien. Dieser Kampf ist jedoch durch Mechanismen institutionalisiert. Eine emotionale Seite gibt es nicht. Jedoch ist es nicht so, dass die Vergemeinschaftung ohne festgelegte Grundregeln herrschaftsfrei ist:

---

47   Karl Marx hat Gewalt als Grundlage des Staates gesehen.
48   Weber, Max: Wirtschaft und Gesellschaft, Grundriß der verstehenden Soziologie. Band 2, 5. rev. Auflage. Tübingen: Mohr 1972, S. 692.
49   Weber, Max: Wirtschaft und Gesellschaft, Grundriß der verstehenden Soziologie. Band 1, 5. rev. Auflage. Tübingen: Mohr 1972, S. 29.
50   Ebd., S. 29.

„Dies darf nicht darüber täuschen, daß tatsächlich Vergewaltigung jeder Art innerhalb auch intimsten Vergemeinschaftungen gegenüber dem seelisch Nachgiebigeren durchaus normal ist [...] und zur Verschiedenheit der durch sie gestifteten Lebens- und Überlebenschancen führt wie irgendwo sonst."[51]

Ein Grundsatz bei der Vergemeinschaftung sind Kompromisse, die an die Wünsche des Gegenübers angepasst sind. Diese Übereinkommen sind damit Gesetze.

Weber unterscheidet zwischen drei Typen der Herrschaft. Die erste Herrschaftsform ist die rationale. Sie beruht auf Gesetzen, die von den Bürgern angewendet werden, und heißt deshalb auch legale oder bürokratische Herrschaft.[52] Der zweite Typus ist die traditionelle Herrschaft. Sie baut auf der „streng persönliche[n] Pietätsbeziehung"[53] und dem „Glauben an die Unverbrüchlichkeit des Immersogewesenen als solchen"[54] auf. Die dritte Form, die charismatische Herrschaft, lebt von der besonderen Hingabe und Ausstrahlung einer einzelnen Person, die die Normen und Regeln der Gesellschaft schafft.[55] Diese Herrschaftsform entspricht am ehesten der Diktatur.

Diesen drei Herrschaftsformen stehen drei entsprechende Autoritätstypen gegenüber. Für die rationale Herrschaft steht der Vorgesetzte als Autoritätsträger. Im zweiten Fall ist der Monarch der Autoritätsträger und bei der charismatischen Herrschaft ist es ein Führer mit persönlicher Suggestivkraft.[56] Diese Grundlagen sind wichtig für die weiterführenden Modelle.

Manfred Hennen und Wolfgang-Ulrich Prigge haben ihrer Abhandlung zu „Autorität und Herrschaft"[57] das System von Max Weber zugrunde gelegt. So sagen auch sie:

---

51 Ebd., S. 30.
52 Ebd., S. 159.
53 Weber (1972), Band 2, S. 691 f.
54 Ebd., S. 691 f.
55 Ebd., S. 693 f.
56 Ebd., S. 741.
57 Hennen, Manfred und Prigge, Wolfgang-Ulrich: Autorität und Herrschaft. Erträge der Forschung, Band 75. Darmstadt: Wissenschaftliche Buchgesellschaft 1977.

„Autorität ist grundsätzlich nicht ohne Herrschaft, Herrschaft nicht ohne Autorität denkbar. Wer Autorität ausübt, ist dazu in der Lage, weil sein Anspruch auf Unterordnung und Folgeleistung bei einem angebbaren Personenkreis grundsätzlich akzeptiert wird. Grundlage für die Autoritätsausübung können dabei sehr verschiedene Prinzipien sein."[58]

Auf das nationalsozialistische Regime übertragen, bedeutet dies, dass Hitler seine Autorität und Herrschaft nur ausleben konnte, weil es für ihn einen Personenkreis gab, der ihn als Diktator akzeptierte. Diese ratifizierte Basis waren nicht nur die unmittelbaren Helfer wie unter anderem Goebbels, Göring, Himmler und Heß, sondern auch das deutsche Volk.[59] Jeder in Deutschland hat mitgeholfen und war damit ein Mitläufer. Auch die Namen der oben erwähnten nationalsozialistischen Größen können beliebig ausgetauscht werden, denn:

„Jeder hätte Helfer Hitlers werden können. Jeder ist gefährdet, wenn ein krimineller Staat die Schranken zwischen Recht und Unrecht niederreißt. Die menschliche Natur allein ist schwach. Nein, es gehört nicht viel dazu, damit der Mensch des Menschen Wolf wird. Denn ein Eichmann und ein Mengele, ein Bormann und ein Ribbentrop, ein Schirach und ein Freisler stecken in uns allen. Alle diese Männer hätten in anderen Zeiten, unter anderen Verhältnissen, ganz normale Lebensläufe absolviert, wären unauffällige Bürger gewesen."[60]

Hennen und Prigge unterscheiden zwischen Autorität und Herrschaft, indem sie erklären, dass die Autorität eine Eigenschaft einer Person ist. Jeder Mensch ist je nach Situation eine Autoritätsperson. Diese Autoritätsposition kann auch wechseln, je nachdem in welcher Situation und

Gruppe er gerade ist.[61] Hitler hatte einen weiteren wichtigen Faktor auf seiner Seite. Die Überzeugungskraft machte ihn zu einer Auto-

---

58 Hennen und Prigge (1977), S. 10.
59 Arendt (1970), S. 45, 50 und 51.
60 Knopp, Guido: Hitlers Helfer, Täter und Vollstrecker. München: Goldmann 1998, S. 23.
61 Ein Lehrer ist eine Autoritätsperson gegenüber den Kindern. Seinem Arbeitgeber gegenüber hat er keine Autorität mehr, aber zu Hause seinen eigenen Kindern gegenüber wieder. Genauso ist er eine Autoritätsperson

ritätsperson für das Volk, wodurch seine Macht gefestigt wurde. Die Herrschaft ist dagegen eine Eigenschaft jedes sozialen Systems. Dabei darf nicht vergessen werden: Damit in einer Gesellschaft eine stabile, soziale Ordnung existiert, muss eine Herrschaft irgendeiner Art bestehen, selbst wenn es sich dabei um eine Diktatur handelt. Die Menschen brauchen eine Herrschaft zur Entwicklung von stabilen Verhältnissen. Doch hatte nicht Hitler alleine diese Autorität über die Deutschen. Er war auf Arbeitsteilung angewiesen.[62] So konnte der Diktator nicht ohne die SA oder SS auskommen, die als Institutionen der Macht die Gewaltmittel Hitlers darstellten.[63] Mit ihnen sicherte er sich seine Herrschaft. Außerdem hatte er Berater um sich, die sich mit einzelnen Aufgaben beschäftigten. Durch diese Arbeitsteilung hatte jeder Pflichten, aber auch Rechte. So erklärt sich auch die Anhäufung an Luxusgegenständen der Regimegrößen. Je mehr Verantwortung es trug, umso größer war die luxuriösere Ausstattung des Parteimitgliedes.

Wichtig bei allen Unternehmungen war das Einverständnis des Volkes, denn erst das Volk macht die Absichten der Regierung gültig.[64] Diese Fürsprache machten die Autorität, Macht und Herrschaft innerhalb von Deutschland erst spürbar:

> „Was den Institutionen und Gesetzen eines Landes Macht verleiht, ist die Unterstützung des Volkes, die wiederum nur die Fortsetzung jenes ursprünglichen Konsens ist, welcher Institutionen und Gesetze ins Leben gerufen hat."[65]

Diese Rekonstruktion des Herrschaftsverhältnisses zeigt, dass es auf der einen Seite die „Autoritätsträger"[66] und auf der anderen Seite

---

gegenüber seinen jüngeren Geschwistern. Seine Eltern aber sind für ihn Autoritätspersonen. Jeder Mensch wechselt also ständig die Autoritätsposition.

62 Stanley Milgram hat diesen Aspekt ebenfalls angeführt, jedoch in dem Zusammenhang, dass durch Arbeitsteilung die Schuld verschoben werden könne. Milgram (2003), S. 28.
63 Arendt (1970), S. 43.
64 Ebenfalls Milgram zeigt in seiner Untersuchung, dass die innere Einstellung egal ist, solange der Mensch die Zuwiderhandlung gegen diese innere Einstellung duldet, siehe Milgram (2003), S. 27.
65 Arendt (1970), S. 42.
66 Hennen und Prigge (1977), S. 14. Im Dritten Reich waren die Autoritätsträger zum Beispiel Adolf Hitler, die SS, die SA und die Gestapo.

die „Autoritätsbetroffenen"[67] gibt. Bei den „Autoritätsträgern" gibt es so genannte „Autoritäts-Ketten"[68]. Der „Autoritätsträger" gibt einen Befehl an eine Person, die unter ihm in der Befehlskette steht. Diese Person wird genau dann ebenfalls zum „Autoritätsträger", wenn sie den Befehl weiter an einen ihrer Untergebenen leitet. Diese „Autoritäts-Kette" kann mit einer Befehlskette verglichen werden. Im Dritten Reich ist somit Adolf Hitler der oberste „Autoritätsträger". Er gibt zum Beispiel Himmler einen Befehl. Himmler wird dann zum Autoritätsträger, indem er den Befehl an die SS weiterleitet. Das letzte Glied in der Reihe ist der einfache SS-Mann, der den Befehl ausführt.

Hennen und Prigge haben eine Skizze angefertigt, die in diese Analyse übernommen worden ist, ebenso die dazugehörigen Erklärungen.[69] In Feld I wird erkennbar, dass Autorität unter dem Einfluss der Herrschaft ausgeübt wird, ohne dass der Wirkungsbereich erkannt wird. Die Autorität wird durch einen Befehl ausgedrückt. Der Autoritätsbetroffene gehorcht diesem Befehl, wobei auf das Feld II eingegangen wird. Die Autorität wird durch die Ausführung geduldet. Relevant dabei ist:

> „Erst wenn der Befehl Gehorsam bei anderen Personen findet, entsteht eine Form sozialer Beziehung. Die soziale Beziehung ist mit der Duldung aber immer noch ungesichert, weil bisher lediglich Autorität vorliegt. [...] Wir können erst sicher sein, daß es sich bei der Wahrnehmung geduldeten Einflusses um eine stabile und dauerhafte soziale Beziehung [...] handelt, wenn sie als Bestandteil eines ganzen Systems von sozialen Beziehungen, von Befugnissen, Regeln und Normen gelten kann."[70]

Herrschaft besteht also unter anderem darin, dass der „Autoritätsträger" einen Befehl gibt und Personen ihm folgen. Sie dulden die Anordnungen des Autoritätsträgers und legitimieren dadurch seine Herrschaft. Diese Legitimation ist erkennbar in Feld III. Es ist ein Übergang von dem personalen System der „Autoritätsträger" und „-betroffenen" zum sozialen System. Die Gesellschaft autorisiert die Herrschaft. Das Volk akzeptiert die vorherrschende Autorität. Die

---

67 Ebd., S. 14. Hier sind unter anderem die Juden oder das deutsche Volk gemeint.
68 Ebd., S. 15.
69 Siehe Anhang A.
70 Hennen und Prigge (1977), S. 23.

Betroffenen haben die Gültigkeit der festgelegten sozialen Normen und Werte angenommen. Dieses „Annehmen" der Gesetze ist im letzten Feld erkennbar. Das Gesetz durch Legitimierung gültig zu machen, heißt nicht nur, in der Öffentlichkeit dazu zu stehen. Auch durch stumme Zustimmung erhält dieses Gesetz seine Legitimation.[71] Die Individuen der Gesellschaft müssen alle hinter den Verhaltensweisen des Staates stehen, damit Herrschaft und Autorität ausgeführt werden können. Dabei bestehen Autorität und Herrschaft nicht nur auf staatlicher Basis, vielmehr durchdringen sie alle Bereiche des Lebens.

> „Hierbei muß man sich darüber im klaren sein, daß Herrschaft als gesellschaftliches Organisationsprinzip alle Lebensbereiche umfaßt. Damit betrifft Herrschaft typischerweise Alltagshandeln. Infolgedessen ist jeder von uns täglich in vielfacher Form Herrschaft unterworfen und wäre ganz und gar handlungsunfähig, wenn Herrschaft immer als systemspezifisch ausgewiesen werden müßte."[72]

Die Komplexität der beschriebenen Erscheinungen steigert sich von Feld zu Feld.

Dieses Modell bietet Ansätze zur Erläuterung der Mitläuferthematik im nationalsozialistischen Staat. Nachdem Hitler die Macht ergriffen hatte, was er – wie bereits erläutert – nicht ohne die Mithilfe einzelner Personen sowie die Unterstützung vieler Deutscher schaffen konnte, war sein Befehl Gesetz. Die Herrschaft und Autorität konnte er nur ausleben, weil die Mitläufer seine Befehle ausgeführten. Die Opportunisten haben also seine Befehle nicht in Frage gestellt und sie dadurch legitimiert. Das Volk hat die Normen und Werte nicht angezweifelt, was zur Folge hatte, das diese Gültigkeit bekamen. So wurden unter anderem auch die Nürnberger Rassengesetze stillschweigend geduldet, was zur verstärkten Verfolgung der Juden führte. Diesem Modell zufolge wären bei einer Verweigerung der Autoritätsbetroffenen diese Herrschaft und Autorität nicht möglich gewesen.

Das zweite Modell[73] im Anhang dieser Arbeit veranschaulicht Gewalt und Macht, gedacht als konstante Hilfsmittel zur Legitimation von Hitlers Taten. In dem Gewalt- und Machtmodell sind die Na-

---

71 Arendt (1970), S. 44.
72 Hennen und Prigge (1977), S. 25.
73 Siehe Anhang B.

men der beiden unteren Felder in „Zwang" und „Unterwerfung" ausgetauscht worden. Außerdem ist die „Autorität" durch „Macht" und die „Herrschaft" durch „Gewalt" ersetzt worden. Es entsteht eine „unkontrollierte Herrschaft"[74] nach dem Prinzip des Stärkeren, in der vorliegenden Arbeit zu übertragen auf Hitler und die Nationalsozialistische Deutsche Arbeiterpartei (NSDAP).

> „Vielmehr liegt ihr [der Autorität] eine ‚Hack-Ordnung' zugrunde, die weder Legitimation besitzt, noch Geltung findet."[75]

Deshalb wird das Ordnungsprinzip der Gesellschaft nicht mehr Herrschaft genannt, sondern Gewalt. Diese Gewalt gibt es nicht nur im sozialen Bereich, vielmehr greift sie auch auf das personale System über. Diese Manifestation von Gewalt bedeutet, Macht[76] über Menschen haben, also eine weitere Form von Autorität zu praktizieren.[77] Mit dem Befehl wird eine Drohung ausgestoßen oder Macht ausgeübt. Die Gesetze werden nicht legitimiert, sondern durch Zwang aufrechterhalten. Der „Autoritätsbetroffene" wird durch Unterwerfung an die Gesetze gebunden. Hitlers Regime kann mit beiden Modellen erklärt werden. Viele Deutsche sind Hitler freiwillig gefolgt. Sie wurden nicht gezwungen, an ihn und seine Normen zu glauben. Sie waren Mitläufer, die seine Regeln geduldet haben. Erst durch sie konnte Hitler seine Macht erlangen und festigen. Andere mussten die SS, SA oder Gestapo erst gefügig machen.

> „Gewalt, die als solche Legitimation und Geltung erfährt, ist definitionsgemäß Herrschaft." [78]

Es gibt viele verschiedene Arten von Mitläufern und unterschiedliche Motivationen für Anhänger Hitlers. Doch alle haben eins gemeinsam: Sie haben Hitler legitimiert.

So sind in der Theorie die Mitläuferfiguren als Legitimation der Politik Hitlers erklärt, doch in der Realität fragen sich viele Wissenschaftler[79], warum die Deutschen Hitler nicht widersprochen haben.

---

74 Hennen und Prigge (1977), S. 28.
75 Ebd., S. 28.
76 Es ist Macht und nicht Autorität und Herrschaft, siehe dazu ebd., S. 29.
77 Ebd., S. 29.
78 Ebd., S. 29.
79 Wie unter anderem in dieser Arbeit besprochen wird: Milgram, Stanley: Das Milgram-Experiment, Zur Gehorsamsbereitschaft gegenüber Autorität. 13. Auflage. Reinbek bei Hamburg: Rowohlt 2003.

Auch zu diesem Thema wurden Experimente durchgeführt. Die bekannteste Untersuchung ist von Stanley Milgram. Er erforschte an der Yale Universität die Frage nach der Bereitschaft ganz normaler Mensch zum Gehorsam gegenüber einer Autoritätsperson[80] bei „unmenschlichen" Anordnungen. Im Grundaufbau des Experiments kommen zwei Personen, von denen eine in den Versuch eingeweiht ist, in ein Psychologielabor der Universität. Vom Versuchsleiter wird erklärt, dass mit diesem Test das Erinnerungsvermögen und die Lernfähigkeit untersucht werden. Die eingeweihte Person wird dann durch ein manipuliertes Losverfahren zum Schüler ernannt und die Versuchsperson zum Lehrer. Der Schüler nimmt nun in einem anderen Zimmer auf einem Stuhl Platz, der aussieht wie ein elektrischer Stuhl, und wird dort festgebunden. Der Versuchsleiter erklärt, dass in dem Versuch ermittelt werden soll, wie Strafen die Lernfähigkeit beeinflussen können. Der Schüler soll aus diesem Grund Wortpaare lernen und jeder Fehler wird mit Stromschlägen bestraft, wobei bei jeder falschen Antwort die Voltzahl um 15 erhöht wird. Der Lehrer testet einen Stromstoß von 45 Volt an sich selber aus. Dann gehen Versuchsleiter und Lehrer in einen anderen Raum, wo ein Schockgenerator steht. Auf dem Schockgenerator befindet sich eine Skala von 15 bis 450 Volt. Zusätzlich gibt es eine Skala von „leichtem Schock" bis „Gefahr: bedrohlicher Schock". Jetzt werden nach und nach die Fragen gestellt und die Stromschläge bei jeder falschen Antwort gegeben. Der Schockgenerator ist natürlich nur fingiert. Der Schüler bekommt keinen der Stromschläge ab. Dieses Experiment wurde im Laufe der sechziger Jahre in verschiedenen Ländern[81] und unter verschiedenen Bedingungen[82] durchgeführt. Die Versuchspersonen waren aus allen Berufsschichten im Alter zwischen 20 und 40 Jahren.

---

80 Autorität benutzt er in Hinblick auf ein militärisches Verhältnis von Befehl und Gehorsam, was er jedoch nicht auf Zwang zurückführt, sondern auf gewollte Unterwerfung. Sandkühler, Thomas und Schmuhl, Hans-Walter: „Milgram für Historiker, Reichweite und Grenzen einer Übertragung des Milgram- Experiments auf den Nationalsozialismus", S. 20. In: Milgram und die Täter des Holocaust. Hrsg. von Michale Baurmann und Anton Leist. Analyse und Kritik, Zeitschrift für Sozialwissenschaften, 20. Jahrgang, Düsseldorf: Oktober 1998, S. 1-24

81 Princton, München, Rom, Südafrika und Australien. Milgram (2003), S. 197.

82 Es gibt insgesamt 18 verschiedene Varianten der Experimente, siehe ebd.

Bei dem Versuchsmodell fing der Schüler ab der fünften Stufe an seinen Unmut auszudrücken, was sich bei Stufe 20 bis 22 in lautem Schreien, Klopfen und Treten äußerte. Bei der letzten, der 23. Stufe, rührte sich das Opfer nicht mehr. Das Ergebnis der Untersuchung war beim der ersten Versuchsdurchführung[83], dass 65 Prozent der Versuchspersonen den Schüler bis zur letzten Stufe bestraften. In den verschiedenen Varianten mit den gleichen Voraussetzungen wie beim ersten Durchgang ist das Ergebnis ähnlich. Je näher das Opfer jedoch in die Nähe der Versuchsperson gerückt wird, desto mehr sinkt die Gehorsamsbereitschaft.[84] Die Bereitschaft für destruktives Verhalten nimmt ebenfalls ab, sobald die Autorität nicht mehr anwesend ist.[85]

Die elementare Erkenntnis aus diesem Versuch ist, dass ganz gewöhnliche Menschen, die nur ihre Aufgabe erfüllen und keine persönlichen Feindseligkeiten empfinden, zu vernichtenden Handlungen in einem grausigen Prozess animiert werden können. Milgram nimmt dabei oft selbst den Bezug zum Dritten Reich auf. Sein Blickwinkel auf diesen Interpretationsrahmen hat zur Folge, dass er sich sein persönlicher Standpunkt zu den Massenmorden im Dritten Reich zunehmend verengt. So klammert er die Verbrechen an den Sinti und Roma oder auch den psychisch Kranken aus. Ihm ist in erster Linie wichtig darzustellen, dass das totalitäre Regime als Idealtypus gesehen werden kann. Die hohe Gehorsamsbereitschaft bei dem Experiment macht für ihn die unbegrenzten Machtmittel des totalen Gehorsams offensichtlich.[86] Auf dem Hintergrund seines Experiments ist die Argumentation, dass diese Handlungen sogar gegen die moralischen Grundsätze der Menschen durchgeführt wurden, verständlich. Der Wissenschaftler hält es sogar für möglich, dass nur wenige es schafften sich der Autorität entgegenzusetzen. Die meisten Versuchspersonen in seinem Experiment wussten sogar, dass sie Unrecht begangen hatten, konnten sich jedoch nicht weigern, es zu tun.[87] Der Versuch zeigt, dass Autorität Menschen zu

---

83   Beim ersten Versuch ist das Opfer in einem anderen Raum ohne Sicht oder Sprechkontakt zu der Versuchsperson. Der Versuchsleiter ist die ganze Zeit im gleichen Raum wie der Lehrer und ermutigt ihn zu den Schocks, ebd., S. 48.
84   Ebd., S. 52 f.
85   Ebd., S. 56.
86   Siehe die Ausführungen von Sandkühler und Schmuhl (1998), S. 10 f.
87   Milgram (2000), S. 97, 101 und 102.

unmenschlichen Handlungen treiben kann. Außerdem hat Milgram herausgefunden, dass dieser Umstand nicht nur an einer Nation festzumachen ist. Für ihn ist der Genozid während des nationalsozialistischen Regimes in erster Linie Ausdruck von Gehorsamkeit.[88] Sanktionen und der Konformitätsdruck sind weitere Ausgangspunkte für die Verbrechen im Dritten Reich.[89] Durch die Verteilung der Aufgaben auf mehrere Täter stehen viele von ihnen den Opfern nicht direkt gegenüber. Dadurch ist es auch einfacher, die Tötungsbefehle zu geben. Das alles führt zu einem „stärkeren, umfassenderen und weniger störanfälligen Gehorsam"[90] als im Labor. Der Kern des Gehorsams ist es, Mitläufer ohne eigene Schuld zu sein."[91] Die Verantwortung für das eigene Tun wird auf andere abgeschoben und eine Abkopplung der Werte erfolgt. Die Täter befolgen nur noch zum Teil ihre eigenen Werte und die immer gleichen Mechanismen helfen ihnen dabei.

> „Das Resultat waren Menschen, die sich nach 1945 nicht schuldig fühlten, weil sie doch nur ‚ihre Pflicht' getan hatten. Sie sprachen wie Menschen, die ihre Verantwortung abgegeben hatten. Und sie hatten ja recht. Indem sie jede eigene Verantwortung bestritten, erwiesen sie auch darin der Volksgemeinschaft post mortem noch ihre Referenz."[92]

Der Gehorsam wird der Moral übergeordnet. Ein großer Kritikpunkt an Milgrams Ergebnissen und Ausführungen ist, dass der Wissenschaftler die privaten Gefühle als Motivation vergessen zu haben scheint.[93]

Milgram hat außerdem noch ein Selbstentscheidungsexperiment durchgeführt, bei dem die Versuchsperson selber entscheiden darf, wie hoch die Schocks sein dürfen. Dieses Experiment verdeutlicht, das ein Drittel aller Täter - trotz der Schmerzen ihrer Opfer - weitermachten. Die eigene Motivation war so sehr gesteigert, dass es ein Ende der Gewalt erst mit einem gesellschaftlichen Konformi-

---

88 Ebd.; S. 203 ff.
89 Ebd., S. 204.
90 Lüttke, Hans B.: Gehorsam und Gewissen, Die moralische Handlungskompetenz des Menschen aus Sicht des Milgram-Experimentes. Beiträge zur Sozialpsychologie, Band 5. Frankfurt am Main: Lang 2003, S. 197.
91 Milgram (2003), S. 11.
92 Janka, Franz: Die braune Gesellschaft, Ein Volk wird formatiert. Stuttgart: Quell-Verlag 1997, S. 44.
93 Lüttke (2003), S. 239 ff.

tätsdruck gegen sie gegeben hätte. Ein weiteres Drittel wurde durch ein nicht besonders festes Werte- und Normensystem gesteuert.[94] Der Gehorsamkeitsdruck war ausschlaggebend für ihr Verhalten. Diese Menschen können sogar der Hörigkeit gegenüber Autorität verfallen. Das letzte Drittel blieb bei seinem Verhalten, obwohl es Gewissensbisse hatte und eigentlich aufhören wollte. Der Konformitätsdruck war so stark ausgeprägt, dass die Billigung von Gewalt zu einem Anstieg der Gewalt führte:[95]

> „Die ideologische Beeinflussung muß nicht als Indoktrination Gewissenssätze verändern, um Verbrechen zu ermöglichen, es reicht hin, wenn sie signalisiert, daß Verbrechen begangen werden können. Sie werden dann begangen, da das Gewissen vieler Personen einfach nicht hinreichend ist, sie nicht zu begehen."[96]

Das destruktive Verhalten ist von der Gesellschaft gebilligt und wird dadurch sozial gerechtfertigt. Für die erste Gruppe der Täter wurde im Dritten Reich die Phantasie auslebbar.[97] Die Ideologie des nationalsozialistischen Regimes war dabei zweitrangig. Die Freigabe der Gewalt und des Terrors innerhalb der sozialen Ordnung durch die Gesellschaft war ausschlaggebend für die Übergriffe.[98]

---

94 Siehe Anhang C. In diesem Modell gibt es keinen Forderungspfeil beim Feld „Soziales Umfeld", um die Abwesenheit der Normen, die das freigegebene destruktive Verhalten untersagen, aufzuzeigen.

95 Siehe Anhang D. In diesem Konzept gibt es einen Forderungspfeil vom „Sozialen Umfeld" zu der „Versuchsperson". Die Gesellschaft duldet nicht nur destruktives Verhalten, sondern fordert es. Dies führt dazu, dass die Gewaltakte tendenziell in die Höhe schnellen würden, wenn die Bedingungen es erlauben.

96 Lüttke (2003), S. 230.

97 Zu diesen Werten und Vermutungen Milgrams werfen Sandkühler und Schmuhl mehrere Fragen auf. So hat Milgram in einer seiner Varianten nachgewiesen, dass bei zwei Versuchsleitern mit widersprüchlichen Befehlen die Gehorsamsbereitschaft nachlässt, siehe Sandkühler und Schmuhl (1998), S. 15. Bei einer weiteren Versuchsvariante zeigte sich, dass die Versuchsperson dazu neigt, dem Opfer nicht weh zutun, wenn es selber die Schmerzgrenze bestimmen kann, siehe ebd., S. 16. Dies war gleichermaßen der Fall, wie bei dem Nähe-Experiment die Gehorsamkeit abnimmt. Alle Ergebnisse lassen sich nicht mit der Realität des Dritten Reiches vereinbaren.

98 Siehe Anhang E. In diesem Modell wird noch einmal deutlich, dass Ideologie, Gewissen und Gehorsamsmoral als Persönlichkeitseigenschaften vorhanden sein müssen, damit es zu einem Übergriff kommt. Die

So zeigen auch Christopher Brownings Untersuchungen[99] zum Polizeibataillon 101, das der überwiegende Teil der Männer tötete, selektierte und deportierte. Ein Argument für ihn ist dabei die Brutalität, ausgelöst durch den Krieg.

> „Als Kampf zwischen ‚unserem Volk' und ‚dem Feind' schafft der Krieg eine polarisierte Welt, in der ‚der Feind' leicht verdinglicht und aus der menschlichen Gesellschaft ausgestoßen wird."[100]

Nur 2,4 Prozent der Polizisten fühlten sich der Aufgabe nicht gewachsen und wurden ohne Probleme versetzt. Auch hier schätzt Browning, dass ein Drittel der Männer, die Spaß an ihrem Beruf hatten, sich zu engagierten Mördern entwickelten.[101] Die restlichen Männer zählten zu den Gewohnheits- und Gehorsamstäter. Der wichtigste Mechanismus dabei ist die Gruppenkonformität. Die Männer wollten nicht isoliert werden durch ihr nonkonformes Verhalten.[102] Die Werte, denen das Bataillon seine Morde zu Grunde legte, waren die rassische Zusammengehörigkeit und Überlegenheit.

> „Der allgegenwärtige Rassismus und der daraus resultierende Ausschluß der jüdischen Opfer von jeder gemeinsamen Basis mit den Verfolgern macht es der Mehrheit der Polizisten um so leichter, sich den Normen ihrer unmittelbaren Umgebung und denen der Gesamtgesellschaft [...] anzupassen."[103]

Bei dem Vergleich zwischen Brownings und Milgrams Auswertungen zeigt sich, dass die Realität von der Laborsituation abweicht. So gab es in der Realität Totalverweigerer und der Gehorsam hing ganz von der Situation ab. Viele der Täter konnten keine Kinder und

---

persönliche Obsession und privaten Interessen spielen ebenfalls mit. Der Konformitäts- und Gehorsamkeitsdruck sind außerdem wichtige Bedingungen. So gibt es viele verschiedene Faktoren, die auf die Versuchsperson einwirkten, um sie zum gehorsamen Verhalten zu überreden.

99 Browning, Christopher R.: Ganz normale Männer – Das Reserve-Polizeibataillon 101 und die „Endlösung" in Polen. Neuausgabe 20.-29. Tausend. Reinbek bei Hamburg: Rowohlt 1996.
100 Ebd., S. 211.
101 Ebd., S. 245. Siehe dazu auch Anhang F.
102 Ebd., S. 228, 241 und 246.
103 Ebd., S. 243.

Frauen erschießen.[104] Auf der anderen Seite konnten sie ihre Träume ausleben und zum Beispiel Frauen vergewaltigen. Viele der Männer wurden zu Helden, solang es der Sache diente.[105] Dabei entdeckte Browning bei seinen Untersuchungen mehr verschiedene Tätergruppen als Milgram. Die kleinste Gruppe besteht aus den Totalverweigerern. Die größte Gruppe sind die autoritätshörigen Männer. Dazwischen gibt es die „eingeschränkten Autoritätsgehorsamen" und die „funktional Gehorsamen", die Milgram in seinen Experimenten nicht different nachweist.[106] Dieses Drittel der Polizisten legte im Laufe der Zeit alle Skrupel ab und meldete sich freiwillig zu den Jagden.[107] Eine Eliminierung des Mitleids würde bedeuten, dass destruktives Verhalten ohne einen Befehl bei jeder dritten Person möglich wird. Die Auswertung Brownings unterstreicht in vielerlei Hinsicht die Ergebnisse Milgrams.

Ein weiteres Experiment wurde auch an der Stanfort Universität von Phillip Zimbardo[108] durchgeführt. Er untersuchte die Gewalt- und Machtausübungen in einem fingierten Gefängnis. Dafür wurden im Keller der Universität mehrere Zellen gebaut. Dann wurden 24 Studenten ausgewählt, die in zwei gleich große Gruppen eingeteilt wurden. Es ist wichtig, sich vor Augen zu führen, dass es keinen Unterschied zwischen den Gruppen bei Beginn der Untersuchung gab. Den Gefangenen wurde die Identität[109] genommen, indem sie nur Identifikationsnummern bekamen.

> „Es sollte klar sein, dass wir versuchten, eine funktionale Simulation eines Gefängnisses zu entwickeln. [...] Unser Ziel war es, schnell ähnliche Effekte zu erzeugen, indem wir Männer in Kleider ohne Unterwäsche steckten. In der Tat begannen unsere Gefangenen, anders zu gehen, zu sitzen und sich zu halten, sobald Sie diese Uniformen trugen – ihr Gehabe war eher weiblich als männlich. Die Kette an ihrem Fuß, die ebenfalls in den meisten Gefängnissen unüblich ist,

---

104 Vgl. hierzu die Ergebnisse des Nähe-Experimentes bei Milgram. Milgram (2003), S. 56 und 242.
105 Browning (1996), S. 200f.
106 Siehe Anhang F.
107 Browning (1996), S. 220.
108 Zimbardo, Philip: „Stanford-Gefängnis-Experiment". www.prisonexp.org./german/slide1g.htm – Stand: 26.1.2004.
109 Siehe ebenfalls, was Gefangener Nummer 416 nach der Untersuchung erzählt ebd.

sollte die Gefangenen ständig an die Unterdrückung durch ihre Umwelt erinnern."[110]

Das Experiment wurde nur sechs Tage statt die zwei geplanten Wochen aufrechterhalten.[111] Schon nach 24 Stunden hatten sich die Mitglieder des Versuches total in ihre Rollen hineinversetzt. Auch der Versuchsleiter versetzte sich in seine Rolle des Gefängnisleiters, so dass er den Bezug zur Realität verlor.[112] Am zweiten Tag rebellierten die Inhaftierten und die Strafvollzugsbeamten mussten mit Gewalt ihre Autorität durchsetzen. Aus diesem Aufstand der Gefangenen resultierten eine Gruppendynamik und ein Zusammenhalt bei den Wärtern.[113] Die Reaktion auf die Bedrohung war die Zunahme der Kontrolle, Überwachung und Gewalt. An dem Gefangenen Nummer 819 zeigte sich das ganze Ausmaß der Kontrolle, aber auch des Konformitäts- und Gehorsamkeitsdrucks der jeweiligen Gruppe. Gefangener Nummer 819 wollte aus dem Gefängnis entlassen werden, weil er sich krank fühlte. Seine Mitgefangenen riefen im Chor, dass Nummer 819 ein schlechter Gefangener sei.

> „Jetzt war er durch totale Konformität und Unterwürfigkeit gekennzeichnet, als ob eine einzige Stimme rief: „# 819 ist schlecht." Ich schlug vor, wegzugehen, aber er lehnte dies ab. Tränenüberströmt sagte er, er könne nicht gehen, weil die anderen ihn als schlecht bezeichnet hätten. Obwohl er sich krank fühlte, wollte er zurückgehen und ihnen beweisen, dass er kein schlechter Gefangener sei."[114]

Der Realitätssinn hatte sich total verschoben. Nur noch die Welt innerhalb des Gefängnisses war relevant.

Es gab verschiedene Typen von Strafvollzugsbeamten, wobei Zimbardo zu den gleichen Ergebnissen wie Milgram kam: Ein Drittel der Strafvollzugsbeamten hat sich...

> „[...] feindlich und willkürlich gegenüber den Gefangenen [verhalten] und [sie] waren sehr einfallsreich darin, sich

---

110 Ebd.
111 Es kam zu psychischen und körperlichen Angriffen auf die Gefangenen.
112 Siehe Zimbardo, Philip: „Stanford-Gefängnis-Experiment". www.prisonexp.org./german/slide1g.htm – Stand: 26.1.2004. Siehe dazu ebenfalls Anhang C. Das destruktive Verhalten wird trotz der Abwesenheit der sozialen Kontrolle durch die Gesellschaft weiter praktiziert, da das destruktive Verhalten freigegeben ist.
113 Ebd.
114 Ebd.

Demütigungen für die Gefangenen auszudenken. Die Strafvollzugsbeamten schienen die Macht, die sie ausübten, außerordentlich zu genießen, dennoch konnte keiner unserer Persönlichkeitstests aus der Voruntersuchung dieses Verhalten vorhersagen."[115]

Daneben gab es außerdem noch den fairen, aber strengen Beamten[116] und den lieben, freundlichen Kerl[117], der den Gefangenen eher ein Freund als ein Vorgesetzter war. Auch unter den Gefangenen gab es verschiedene Typen. So gab es solche, die gegen die Situation rebellierten oder aber die ruhigen Gefangenen, die sich in sich zurückzogen. Der dritte Typus, der sich heraus kristallisierte, war der „Gute", der die Aufgaben der Beamten aufs Genaueste befolgte, um den Sanktionen zu entgehen.[118] Am Ende der Untersuchung war die Gruppe der Gefangenen auseinander gebrochen und die Strafvollzugsbeamten waren zu einer Gemeinschaft zusammengewachsen:

> „Am Ende der Untersuchung waren die Gefangenen sowohl als Gruppe als auch als Individuen am Boden zerstört. Die Gruppe bildete keine Einheit mehr, sie bestand lediglich aus einem Haufen isolierter, ums Durchhalten bemühter Einzelpersonen, die Kriegsgefangenen oder hospitalisierten psychisch Kranken ähnelten. Die Strafvollzugsbeamten hatten die vollständige Kontrolle über das Gefängnis gewonnen, und sie verfügten über den blinden Gehorsam jedes Gefangenen. ... Sogar die „guten" Beamten fühlten sich nicht in der Lage, einzugreifen, und keiner der Strafvollzugsbeamten beendete die Untersuchung vorzeitig."[119]

Auch an diesem Experiment kann erkannt werden, dass sowohl die Autorität und Herrschaft als auch der Gehorsamkeits- und Konformitätsdruck in Verbindung zueinander stehen. Das Ergebnis des Experiments der Stanford-Universität zeigt sehr gut, dass es nicht nur auf der Seite der Erniedrigten zu einem Gruppendruck kommen kann, sondern auch in der herrschenden Gruppe. Dieser Druck, der auf den Tätern liegt, führt zu gehorsamem Verhalten, was wiederum zu Mitläufern in der Gruppe führt. Die Strafvollzugsbeamten

---

115 Ebd.
116 Ebd.
117 Ebd.
118 Ebd.
119 Ebd.

und ihr Verhalten können mit dem der Nationalsozialisten verglichen werden. Der Gedanke des Mächtigeren in der Gleichung verselbstständigt sich. Die „Autoritätsgehorsamen mit Widerstand"[120] werden einfach überrannt.

Daniel Jonah Goldhagen hat in seiner Analyse „Hitlers willige Vollstrecker. Ganz gewöhnliche Deutsche und der Holocaust."[121] nach Antworten in der deutschen Vergangenheit gesucht.

> „Man weiß wenig darüber, wer die Täter waren und wie sie ihre Taten im einzelnen vollbrachten, unter welchen Umständen sie handelten oder gar welche Motive sie leiteten. Eine brauchbare Schätzung, wie viele Personen sich am Genozid beteiligt haben, wie viele Täter es also gab, ist nie vorgelegt worden. ... Infolge dieser weitgehenden Unkenntnis sind alle möglichen Mißverständnisse und Mythen über die Täter im Umlauf, falsche Vorstellungen, die weitreichende Konsequenzen für das Bild haben, das wir uns vom Holocaust und von Deutschland unter dem NS-Regime machen."[122]

In der Abhandlung Goldhagnes wird von der Annahme ausgegangen, dass die Deutschen[123] von den Gräueltaten gegen die Juden wussten und sie billigten. Dabei weist er die Ansicht zurück, dass die Deutschen weder dazu gezwungen wurden, noch willenlos waren. Die Bevölkerung sei weder in den Bann Hitlers geraten, noch sei ihr nicht bewusst gewesen, was die Anhänger Hitlers gemacht hätten. Der tief verwurzelte Antisemitismus sei der Antrieb für die Vergehen gewesen. Die Dehumanisierung der Opfer erleichterte die Aufgaben der Täter, da die Opfer nicht mehr als Menschen wahrnehmbar geworden waren. [124]

---

120 Siehe Anhang F.
121 Goldhagen, Daniel Jonah: Hitlers willige Vollstrecker, Ganz gewöhnliche Deutsche und der Holocaust. Berlin: Goldmann 1996.
122 Ebd., S. 18.
123 Der Begriff „Deutsche" wird nach Goldhagen folgendermaßen benutzt: „Der angemessenste, ja einzige angemessene allgemeine Begriff für diejenigen Deutschen, die den Holocaust vollstreckten, lautet ‚Deutsche'. Wir zögern ja auch nicht, die Bürger der Vereinigten Staaten von Amerika, die in Vietnam kämpften, um die Ziele der Regierung durchzusetzen, als ‚Amerikaner' zu bezeichnen." Ebd., S. 19.
124 Siehe Sandkühler und Schmuhl (1998), S. 17.

Im Dritten Reich war der Antisemitismus für die Mitläuferschaft ausschlaggebend. Er war in Deutschland und Europa schon Jahrhunderte vor dem Dritten Reich verbreitet.[125] Die Auffassung über Juden, die Hitler in „Mein Kampf" verbreitet, war nicht neu. Goldhagen belegt, dass die Juden schon im Mittelalter von der Kirche als „Ausgeburt des Teufels"[126] bezeichnet wurden. Den jüdischen Mitbürgern wurde von der Kirche vorgeworfen, dass sie Jesus getötet hätten. Weiterhin wurden die Juden der Verleumdung von Jesu Christi bezichtigt, womit die Grundsätze der Kirche in Frage gestellt wurden. Die Juden wären Frevler und würden die sittliche Ordnung stören.[127] So gehörte der Antisemitismus zu den Grundlagen der christlichen Kultur.[128] Aber nicht nur die Deutschen waren antisemitisch eingestellt, sondern beispielsweise auch im mittelalterlichen England gab es antijüdische Kampagnen. Zwischen 1290 und 1656 gab es keine Juden in England, weil die Engländer sie alle vertrieben hatten. Der Antisemitismus überlebte trotz der physischen Abwesenheit der Juden.[129] Auch in Deutschland hatte der Hass auf Juden die Zeit überdauert. So kamen diese Gefühle mal mehr und mal weniger zum Ausdruck. Doch unterschwellig waren sie immer vorhanden:

> „Zweifellos war er in christlichen Ländern die ganze Zeit über die wichtigste Form von Vorurteil und Haß. [...] Die Christen definierten sich auch durch die Abgrenzung von den Juden, ja mitunter sogar als deren direkter Gegenpart. [...] Die Notwendigkeit, schlecht von Juden zu denken, sie zu hassen, ist mit dem Christentum verwoben."[130]

Goldhagen sieht außerdem einen großen Nutzen des Antisemitismus in seiner Modifikation. Der Judenhass könne an immer neue Situationen angepasst werden und habe deshalb so lange überlebt.

---

125 Siehe hierzu die Judenverfolgung in Spanien und England im Mittelalter, siehe die passenden Kapitel in Glassman, Bernard: Antis-Semitic Stereotypes without Jews: Images of the Jews in England, 1290-1700. Detroit: Rowman and Littlefried Pub Inc. 1975.

126 Ebd., S. 75.

127 Goldhagen (2000), S. 57 und Trachtenberg, Joshua: The Devil and the Jews, The Medieval Conception of the Jew and Its Relation to Modern Anti-Semitism. Philadelphia: Jewish Publication Sociation of America 1961.

128 Goldhagen (2000), S. 58.

129 Glassman (1975), S. 14.

130 Goldhagen (2000), S. 62 f.

So sei der Jude im Mittelalter „nur" der Mörder des Erlösers gewesen - ein Frevler, der sich unter die Christen geschmuggelt hatte. Die Kirche wollte deshalb, dass diese Religion sich auflöst, indem die Juden zum Christentum übertreten. Die jüdischen Mitbürger sollten christlich getauft werden, doch diese waren dazu nicht bereit. Es entstand ein endloser Streit darüber, welche nun die „wahre" Religion sei.

Seit der Aufklärung und dem neunzehnten Jahrhundert veränderte sich das Bild über die Juden. So wurden sie zu einem Sinnbild des Teufels, zu einer Gruppe „amoralischer Asozialer"[131], welche die Ordnung Deutschlands durcheinander bringen wollten. Die Juden waren nicht länger eine religiöse Gruppe, sondern wurden zu einer Nation und politischen Gemeinschaft.[132] In dieser Zeit wurde in der Gesellschaft immer mehr darüber diskutiert, ob die Juden die Bürgerrechte erhalten sollten. Viele Intellektuelle - aber auch einfache Bürger - [133] kamen zu der Ansicht, dass die Juden ein Störfaktor in der deutschen Gemeinde wären:

> „Verglichen mit dem Aufschwung, den der Antisemitismus in den letzten beiden Jahrzehnten des Jahrhunderts nahm, war er in dieser frühen Phase nur wie ein auf kleiner Flamme köchelnder Haß, eine kulturelle Norm, die gleichsam routinemäßig zum gesellschaftlichen Ausdruck kam, aber sich noch nicht in jene organisierte politische Kraft verwandelt hatte, die er einmal werden sollte."[134]

Nachdem die Juden die Bürgerrechte erhielten, versuchten viele Deutsche, ihnen diese wieder abzusprechen - eine Bemühung, die es in keinem anderen europäischen Land gegeben hat. Der tiefe Hass auf die Juden zeigt sich daran deutlich. Adolf Hitler nutzte diesen Hass, da „eine Bevölkerung [sich] nicht einfach gegen jede beliebige Person oder Gruppe mobilisieren lässt"[135], zu seinem Vorteil. Im kulturellen Leben der Deutschen hatte sich die Vorstellung festgesetzt, dass die Juden Deutschland befallen würden wie Parasiten,

---

131 Ebd., S. 77.
132 Felden, Klemens: Die Übernahme des antisemitischen Stereotyps als soziale Norm durch die bürgerliche Gesellschaft Deutschlands (1875 bis 1900), Diss. masch. Heidelberg: 1963, S. 18 f.
133 Goldhagen (2000), S. 78 ff.
134 Ebd., S. 85.
135 Ebd., S. 65.

die Deutschland von innen heraus zerstören.[136] Die Ansichten Hitlers unterschieden sich nicht von dieser Denkweise und er predigte den Menschen, dass er ihr Vaterland von dieser „Seuche" befreit würde - ein Grund für viele, Mitläufer Hitlers zu werden. Aufgrund dieser festgefahrenen Vorurteile sind sie begeistert vom so gesehenen „Erlöser".

> „Wenn man Deutschland richtig ordnen, lenken, und wie viele dachten, schützen wollte, dann mußte man alles Jüdische aus der deutschen Gesellschaft aussondern."[137]

Hitler hatte neben diesem einfachen Gedanken den Plan der „Endlösung" der Juden, den niemand vor ihm in dieser Form erdacht hatte. Fast keiner der Begriffe, die Hitler im Zusammenhang mit den Juden gebrauchte, waren den Deutschen fremd.[138] Hitler holte sich seine Helfer aus dem Volk, um „die aufgestauten antisemitischen Gefühle zu entfesseln"[139]. Goldhagen macht in seinem Werk an Beispielen[140] deutlich, dass die Bevölkerung hinter den SA- oder SS-Männern stand, aber auch selbst ihre Gewalt an Juden ausließ.[141] Spätestens nach der Reichskristallnacht sieht der Autor den Zeitpunkt, zu dem die Deutschen sich als Widerstandskämpfer hätten hervortun sollen:

> „Nach der ‚Kristallnacht' konnte kein Deutscher, der alt genug war, auf seinen eigenen zwei Beinen zu gehen, für sich in Anspruch nehmen, von der Judenverfolgung nicht gewußt zu haben, und kein Jude konnte sich mehr vormachen, daß Hitler etwas anderes wollte als ein ‚judenreines' Deutschland."[142]

Doch die Deutschen haben, wie in dem Autoritäts- und Herrschaftsmodell bereits beschrieben, den Befehl geduldet und diesem

---

136 Ebd., S. 78.
137 Ebd., S. 94.
138 Wie zum Beispiel: der Ausdruck „ Judenfrage". Dieser Begriff wird schon Mitte des neunzehnten Jahrhunderts während der Emanzipation der Juden gebraucht, ebd., S. 88. Auch das Hakenkreuz wurde schon im Ersten Weltkrieg in den Schulen verwendet, ebd., S. 110.
139 Felden (1963), S. 34-45.
140 Siehe zum Beispiel Goldhagen (2000), S. 121, 124, 129 und 134 f.
141 Siehe Anhang D. Durch die Freigabe des destruktiven Verhaltens durch die Gesellschaft und das dazugehörige sozialen Umfeld ist das gehorsame Verhalten gewährleistet.
142 Zitiert nach Goldhagen (2000), S. 132.

Geltung verschafft. Das Volk erkannte damit Hitlers Herrschaft an und wurde zu seinem Mitläufer:

> „In diesen Stunden hätte das deutsche Volk Gelegenheit gehabt, Solidarität mit seinen jüdischen Mitbürgern zu bekunden. Statt dessen besiegelte es das Schicksal der Juden, indem es die Herrschenden wissen ließ, daß es mit dem eliminatorischen Unternehmen einverstanden war, [...]"[143]

Goldhagen sieht in allen Deutschen die Täter und in allen Juden die Opfer des Holocaust. Die Quellen, die der Autor angibt, sind sehr selektiv verwendet worden. So behauptet er, dass der Widerstand nur aufgefallen sei, weil es davon so wenig gegeben habe. Er sieht bei dieser Argumentation nur die großen „Fälle". Der innere Widerstand zählt für ihn nicht. Die Extreme sieht er jedoch nur in eine Richtung, denn die gewalttätigen Überfälle auf Juden stuft er als „völlig normal" ein. Doch auch diese Überfälle sind plakativ dargestellt, weil sie so selten vorgekommen sein. Diese Möglichkeit scheint es für Goldhagen nicht zu geben.

Goldhagen setzt des Weiteren voraus, dass die Ermordung ein intentional gefasster Entschluss aller Deutschen gewesen sei. Doch dieser Behauptung ist entgegenzustellen, dass auch in den eroberten Ländern die Juden von den jeweiligen Behörden interniert wurden. So haben auch bereits vor den Deutschen andere Völker bestimmte Gruppen verfolgt.[144] Außerdem wollte Hitler nicht nur die Juden ausrotten, sondern auch die Slawen.[145]

Wichtig für Goldhagen ist es, bei der Untersuchung aufzuzeigen, dass die deutsche Bevölkerung ihren Unmut über die Morde öffentlich hätten äußern können. Dafür zieht er ein Beispiel heran: das Euthanasieprogramm.[146] Bei allen wahren und überzeugenden Ar-

---

143   Ebd., S. 132.
144   Ein Beispiel dafür sind die Amerikaner, die ihre Ureinwohner ausgerottet haben. Auch die Türken haben die Armenier in Konzentrationslager und auf Todesmärsche geschickt. Die Todeskommandos sind auch schon bei dieser Vernichtung eingesetzt worden. Lüttke (2003), S. 219.
145   Goldhagen (2000), S. 149.
146   Siehe Anhang G im Vergleich zu Anhang E. In Modell E werden die verschiedenen Bedingungsfaktoren für autoritätsgehorsames Verhalten beschrieben. Die verschiedenen Parameter, die auf den Täter einwirken, lassen ihn die Tat ausführen. Bei Modell G ist es ähnlich, nur dass sie zu nonkonformem Verhalten gegenüber der staatlichen Ordnung führen. Es zeigt sich, dass konformes und nonkonformes Verhalten nahe bei einan-

gumenten, die Goldhagen in diesem Zusammenhang aufzählt, bleibt anzumerken, dass diese als „unwürdiges Leben" bezeichneten Menschen alle Deutsche waren. Deutsche würden keine Deutschen töten und gegen Behinderte und Geisteskranke gab es keinen traditionellen Hass. Judenhass dagegen wurde, wie Goldhagen selber ausführt, vor langer Zeit zu einer Tradition. Der Konformitätsdruck fällt in diesem Fall gänzlich weg. Weiterhin war das Mitleid, vergleichbar mit Milgrams Nähe- und Selbstentscheidungsexperiment, nicht abzuschalten.[147]

Der Bogen spannt sich also von allgemeinen Standpunkten, das heißt von Hennen / Prigge sowie Milgram, über Browning zu den speziellen Standpunkten von Goldhagen. Für Milgram ordnet sich der Holocaust in die Reihe der Massenmorde der Menschheit ein. Diese Verbrechen werden ausgelöst durch den Autoritätsgehorsam, wobei die Ideologie nur ein Rechtfertigungsargument sei. Browning sieht in der Ideologie den Faktor, der den Gehorsam stärkt. Der Genozid an den Juden ist für Goldhagen jedoch ein einmaliges Ereignis mit einer einmaligen Ausprägung. Die Ideologie sei dabei das ausschlaggebende Instrument.

Von diesen Thesen ausgehend ist also der Mitläufer im Dritten Reich ein Mensch, der die Befehle des Diktators legitimiert, indem er nichts dagegen tut. Der Konformitäts- und Gehorsamkeitsdruck lässt ihn die Übergriffe auf die Juden erdulden. Die Isolation durch nonkonformes Handeln wird erduldet. In den meisten Fällen werden die Konsequenzen des Handelns von dem Täter auf den Autoritätsträger abgeschoben. Die Autoritätsperson übernimmt die eigene Schuld, so dass der Schuldige, die ausführende Person, selber frei von Skrupeln ist. Die Opportunisten gehören meist zu den zwei Drittel der Versuchspersonen, die Gewohnheits- und Gehorsamkeitstäter sind. Die Mörder, die mit Lust töten, sind meist die Herrschenden. Der Unterschied zwischen diesen Gruppen ist, dass die zweite Gruppe von Tätern die Morde mit Vergnügen plant und begeht. Die Gruppendynamik und der Zusammenhalt sind dabei ausschlaggebend für die Intensität des Mitläuferverhaltens. Es zählt nicht nur der Gehorsam, sondern auch die eigenen Interessen sind relevant. So sind private Interessen, wie Rache oder Machtgewinn, ein weiterer Faktor, der bei dem Mitläufer einen Ausschlag für den

---

der liegen. Die Gehorsamsmoral und die Autorität sind die einzigen Faktoren, die bei nonkonformem Verhalten nicht vorhanden sind.

147 Lüttke (2003), S. 237 f.

Erhalt der Herrschaftssituation gibt.[148] Ein Problem ist, dass der Realitätssinn dabei leicht verloren geht. Die Opportunisten im Dritten Reich haben an die Visionen Hitlers geglaubt, wozu auch die Ausrottung der Juden zählte. Der tief verwurzelte Judenhass war somit ein weiteres Merkmal eines Opportunisten im Dritten Reich. Der Judenhass saß so tief im Denken fest, dass er für normal gehalten wurde. Die Juden wurden nicht als menschliche Individuen wahrgenommen. Doch nicht nur diese äußeren Umstände sind charakteristisch für das Denken und Handeln von Mitläufern, auch die Verantwortung des Menschen spielt dabei eine wichtige Rolle. So kommt der Befehl zwar von außen, die Gehorsamsbereitschaft aber von innen. Der Wunsch nach Gruppenzugehörigkeit, aus Angst vor Strafe oder aus der sadistischen Lust heraus, sind ist eine individuelle Entscheidungen des jeweiligen Menschen. Es ist Ausdruck seiner selbst.

> „Der Wunsch, sich nicht abzuheben, nicht widerstehen zu müssen, stellt ein Bedürfnis des Menschen dar und ist nicht zu verstehen als bewußtloser Reflex eines elektrisch gereizten Muskelsystems. Und wenn dieses Bedürfnis bei dem einen Menschen mächtiger ist als jedes andere, so sagt dies etwas aus über die Persönlichkeit dieses Menschen, nichts aber über die äußere Stärke des Befehls und auch nicht, daß der Betroffene nicht aus inneren Motiven heraus handelt."[149]

---

148 Siehe Anhang E.
149 Lüttke (2003), S. 240.

3. Die Darstellung der Mitläufer in der Literatur

3.1 „Mephisto" von Klaus Mann

3.1.1 Der Künstler Hendrik Höfgen als Figur des Mitläufers

> „Er ist kein Künstler, sondern ein Komödiant."[150]

So charakterisiert der Theaterdirektor Kroge den Schauspieler Hendrik Höfgen. Sein Leben lang spielt Höfgen die verschiedensten Rollen, auch im Privatleben. Je nach Situation oder Rollenanforderung variiert er. Nur selten zeigt der Schauspieler sein wahres Gesicht. Die innere Stabilität fehlt Höfgen gänzlich. Er bleibt das gesamte Stück hindurch ein oberflächlicher Mensch und Schauspieler. Klaus Mann zeigt dem Leser schon im Vorwort, was er von dieser Einstellung hält:

> „Alle Fehler des Menschen verzeih´ ich dem Schauspieler, keinen Fehler des Schauspielers verzeih´ ich dem Menschen."[151]

Die Verantwortung eines Schauspielers – laut Goethes Zitat - übernimmt Höfgen nie. Er ist stets und in jeder Situation dazu bereit, sein Talent einzusetzen, um an seinen Vorteil zu kommen. Für seinen Erfolg gibt Höfgen menschliche Beziehungen auf. Er ist so eitel und ehrgeizig, dass er es noch nicht einmal merkt, wenn er die Gunst der Menschen verliert.[152]

Hendrik Höfgens Karriere beginnt an einem Hamburger Künstlertheater unter der Intendanz von Oskar H. Kroge. Für den Intendanten ist das Theater ein Ort, an dem eine neue Generation mit Moral ausgebildet werden soll.[153] Der Gegenpol zu ihm ist Hendrik Höfgen - zwar begabt, doch, laut Kroge, fehlen ihm alle sittlichen Eigenschaften:

> „Überhaupt ist Höfgen ein grundalberner Mensch. Alles an ihm ist falsch, von seinem literarischen Geschmack bis zu

---

150 Mann (2001), S. 32.
151 Ebd., S. 6.
152 Ebd., S. 212 f.
153 Ähnlichkeiten zu Goethe, Johann Wolfgang von: Faust. Wiesbaden: Dieterich'sche Verlagsbuchhandlung 1953, Vers 108-157.

> seinem sogenannten Kommunismus [...] Er ist doch nicht
> mehr als ein routinierter Provinzschauspieler, [...]"[154]

Höfgens Charakter ist facettenreich dargestellt. In einem Moment ist er ein egozentrischer Hysteriker, der den Erfolg von Dora Martin – der gefeierten Schauspieler der dreißiger Jahre - nicht ertragen kann und sich hinter einem Paravent versteckt, im nächsten Moment ist er in der Rolle des engagierten Künstlers, der mit dem kommunistischen Kollegen Otto Ulrich Pläne schmiedet. Von einem Tag auf den anderen kann er sich vollständig verändern. Die Bewunderung der Kollegen ist ein Heilmittel gegen seine schlechte Laune. In seiner politischen Ansicht legt er sich nie fest. Immer wieder schwankt er. Mit dem Kommunisten Otto Ulrich redet er vom revolutionären Theater. Doch sollen dann endlich Taten den Worten folgen, so wendet der Schauspieler sich ab und flüchtet sich in Ausreden. Höfgen nimmt an keiner der politischen Auseinandersetzungen teil. Er verfolgt nur seine Interessen. Sein Charakter ist geformt von „Ehrgeiz und Gefallsucht, moralischem Opportunismus und sozialem Desinteressement"[155].

Nachdem der Künstler vom Provinztheater in Hamburg in die Hauptstadt Berlin versetzt wird, muss er sich wieder mit kleineren Rollen zufrieden geben. Doch auch hier hat er bald Anhänger, die ihn unterstützen. Höfgen wird kurze Zeit später auch in Berlin mit größeren Rollen betraut. Sein Ruhm wächst von Tag zu Tag. Die Monate gehen dahin und Höfgen lebt nur für den Augenblick der Vorstellung. Die Augen immer auf den Erfolg gerichtet, sieht er die Veränderungen in der Stadt nicht. Er ist eingesperrt in seinem Gefängnis namens Ehrgeiz. Die letzten Tage der Weimarer Republik ziehen dahin und die Nationalsozialisten halten Einzug in Deutschland, ohne dass der Schauspieler diesen Umstand erkennt. So läuft er blind in sein eigenes Schicksal als Mitläufer des Nationalsozialismus[156] - ein Zustand, den auch Klaus Mann selbst erlebte. So erzählt er im „Wendepunkt":

> „Statt mich aber mit den großen politischen und sozialen
> Fragen auf gründliche und nüchterne Art auseinanderzuset-
> zen, begnügte ich mich, in meinen Reden und Manifesten,

---

154 Mann (2001), S. 32f.
155 Klaus Mann, Werk und Wirkung. Hrsg. von Rudolf Wolff. Bonn: Bouvier 1984, S. 54.
156 Mann (2001), S. 187 ff. und S. 212.

mit Anklagen und Forderungen recht unverbindlich-allgemeiner Art."[157]

Bei der Machtergreifung schwankt Höfgen kurz. Doch erkennt er schnell, dass das Pariser Exil nicht seine Welt gewesen wäre.[158] In der nationalsozialistischen Gesellschaft kann sich der Künstler bald wieder einen Namen machen. Schon kurz nach der Machtübernahme ist Höfgen mit den Machthabern per du. Doch sorgt er immer wieder für eine postfaschistische Zukunft vor. So kümmert sich der Schauspieler um den Juden Johannes Lehmann und den Kommunisten Otto Ulrich. Er setzt sich jedoch erst für Otto Ulrich ein, nachdem er sich seiner eigenen Position sicher sein kannte.[159] Auf der anderen Seite schmeichelt er sich bei jeder sich bietenden Gelegenheit bei dem Ministerpräsidenten ein. Mit seinem „aasigen Lächeln"[160] und den Juwelenaugen[161] wird er für das nationalsozialistische Regime zu einer Symbolfigur. Die Kollaboration mit der Macht ist der Verrat des Künstlers an der Gesellschaft seiner exilierten Freunde.

Hendrik Höfgen ändert seine Meinung nicht nur in Bezug auf seine politische Gesinnung nach der gesellschaftlichen Laune, sondern auch im Theaterbereich. Seine Interpretationen der Bühnenstücke passt er an den Geschmack der vorherrschenden Gesellschaft an. So spielt er den Mephisto in seiner ersten Faustaufführung als unglücklichen und einsamen Zyniker und Skeptiker.[162] In der nächsten Inszenierung ist sein Mephisto plötzlich ein durchtrieben anmutiger, ruchlos charmanter Zyniker.[163] In den zwanziger Jahren ist Mephisto ein leidender und schwermütiger Gehilfe des Teufels. Im Dritten Reich blüht er zu einem verschwenderischen, werbenden Mephisto auf, ganz wie die neuen Machthaber.[164]

---

157 Mann (2002 b), S. 467.
158 Siehe Mann (2001), S. 272.
159 Siehe Ebd., S. 245 und S. 277 ff.
160 Ebd., S. 197.
161 „Edelsteinaugen", siehe ebd., S. 197.
162 Ebd., S 220 f.
163 Ebd., S. 256 f.
164 Vgl. dazu Winckler, Lutz: „Artist und Aktivist", S. 78 f. In: Klaus Mann. Hrsg. von Heinz Ludwig Arnold. Text und Kritik, Zeitschrift für Literatur, Heft 93/94. Göttingen: edition text und kritik Januar 1987, S. 73-88.

Als Höfgen aus dem Exil nach Berlin zurückkehrt, wird Lotte Lindenthal zu seinem Protegé. Mit seinem Lächeln und seinen schillernden Augen erobert er ihr Herz und gleichzeitig öffnet er die Ohren ihres Mannes für seine Wünsche - ein Umstand, der ihm eine blendende Zukunft im neuen Deutschland voraussagt. Er steigt bis zum Intendanten eines eigenen Theaters in Berlin auf, in welches er selbst die Mächtigsten des Regimes locken kann.

Den Durchbuch bei den neuen Machthabern Berlins erlangt er dann durch die Rolle seines Lebens - nämlich den „Mephisto". Er spielt sich in das Herz des Ministerpräsidenten. Als er dessen Loge den Pakt mit dem Teufel schließt, weiß auch er:

> „Jetzt habe ich mich beschmutzt, [...] Jetzt habe ich mich verkauft [...] Jetzt bin ich gezeichnet!"[165]

Aber auch diese Gedanken und sein Gewissen schiebt er für die Karriere beiseite. Die Bewunderung der Kollegen und Freunde ist ihm mehr wert als seine Freiheit. Seine Protegés[166] stärken ihm den Rücken. Sie sprechen ihn sogar mit „Mephisto"[167] an.

In seiner Theaterwelt will Höfgen die totale Kontrolle für eine „vollkommene Kultur"[168]. Dieses Vorhaben ist mit dem Aufstieg der Nationalsozialisten verbunden. So ist er 1936 auf dem Höhepunkt seiner Karriere. Am 43. Geburtstag des Ministerpräsidenten darf der Schauspieler und Intendant die Ansprache halten. Höfgens Mutter ist zu einer Größe im gesellschaftlichen Leben geworden. Das Kleinbürgertum, aus dem auch Höfgens Familie stammt, wird durch die Nationalsozialisten gestärkt. Auf der anderen Seite ist Höfgen aber das Kleinbürgertum zusehends verhasster. So schämt er sich für seine mittelständische Familie, so lange bis er über die richtige Position verfügt, so dass ihm seine Herkunft nichts mehr anhaben kann. Doch das Leben der „Hautevolee" erreicht er nie:

> „Diese Bürger vornehmen alten Stils – diese Patrizier ohne Geld, aber mit nobler Vergangenheit und mit zarten, vergeistigen Gesichtern -: blieben sie denn unerreichbar, waren sie nie zu treffen?"[169]

---

165 Mann (2001), S. 232.
166 Zum Beispiel Lotte Lindenthal und ihr Mann.
167 Mann (2001), S. 26.
168 Ebd., S. 127.
169 Ebd., S. 323.

Klaus Mann entwirft das Bild eines Anti-Helden. Er spricht seinem Protagonisten anfangs gar keinen Charakter zu.[170] Der Autor zeichnet den Typus des Mitläufers folgendermaßen:

> „[...], die nicht die großen Verbrechen begehen, aber vom Brot der Mörder essen; nicht Schuldige sind, aber schuldig werde; nicht töten, aber zum Totschlag schweigen; über ihre Verdienste hinaus verdienen wollen, und die Füße der Mächtigen lecken, auch wenn diese Füße im Blute der unschuldigen waten. Diese Million von kleinen Mitschuldigen hat ‚Blut geleckt'. Darum bilden diese die Stütze der Machthaber"[171]

Der Künstler wird zu einer Persiflage. Die Unterschiede zwischen Bühne und Alltag verschwimmen so sehr, dass der Leser den Fabulant hinter dem Künstler erkennt. Die Selbstinszenierung gelingt perfekt, doch die Rollentiefe erreicht er nicht.

Von Klaus Mann wird Hendrik Höfgen des Öfteren als die „Inkarnation des Bösen"[172] dargestellt. Sein Aussehen ist meist Anlass zu dieser Interpretation. Sein Kinn mit dem Grübchen reckt er stets nach vorne.[173] Es ist eine herrscherische Position. Dazu hat er „fischige Edelsteinaugen"[174]. Seine Miene ist „teuflisch"[175] durchtrieben. Das aasige Lächeln hat ihn berühmt gemacht.[176] Dass er „von allen Verkommenen der Verkommenste"[177] ist, kann der Leser außerdem an der „belegten und matten Stimme [erkennen], daß er mit allen Lastern vertraut ist und sogar noch finanziellen Vorteil aus ihnen zieht"[178]. Die Figur des Hendrik Höfgen hinterlässt ein beeindruckendes Bild:

> „So beeindruckt seine schillernde Figur, die künstlerisches Talent mit taktischen Manövern verbindet, einnehmenden

---

170 Vgl. dazu Mann, Klaus: Der Wendepunkt, Ein Lebensbericht. 14. Auflage. Reinbek bei Hamburg: Rowohlt 2002 b., S. 384.
171 Kersten Hermann: „Mephisto", S. 114. In: Das Neue Tage-Buch, 5. Jahrgang, Heft 5., Paris, 30.01.1937, S. 114-116.
172 Mann (2001), S. 197.
173 Siehe ebd., S. 328.
174 Ebd., S. 197.
175 Ebd., S. 197.
176 Siehe ebd., S. 197.
177 Ebd., S. 197.
178 Ebd., S. 197

Charme mit kühler Intelligenz, Skrupellosigkeit mit Ichschwäche."[179]

Am Ende des Romans steht die Vereinsamung des Künstlers. In diesen Szenen erspürt der Leser das Mitleid des Autors mit seinem Protagonisten. Hendrik Höfgen verkriecht sich würdelos in dem Schoß seiner Mutter, der einzigen Frau, die er aufrichtig liebt. Weder Barbara noch Nicoletta hat er wirklich geliebt. Beide hat der Schauspieler aus dem Bedürfnis der Macht, wegen ihrer gesellschaftlichen Stellung und aufgrund ihres Geldes geheiratet. Tief in seinem Inneren kennt er nur sich selber, weiß nur, was ihn bewegt und wovor er Angst hat. Seine Mitmenschen beachtet Höfgen nur, wenn sich ihre Tätigkeit auf ihn beziehen. Ihre Gefühle sind in seiner Welt uninteressant.[180] Auch Juliette ist nur für seine eigene Befriedigung da. Das sadomasochistische Sexualverhalten von Höfgen wird in den „Tanzstunden" mit dessen Faschismus gleichgesetzt. Juliette erkennt diesen Umstand erst Jahre später:

> „Jahrelang habe ich die wilde Frau spielen müssen, obwohl ich gar keine Lust dazu hatte, und nun willst du plötzlich der starke Mann sein! Genug – genug: ja, jetzt brauchst du mich nicht mehr – vielleicht weil jetzt im ganzen Land so viel geprügelt wird?"[181]

Als Hendrik Nicoletta heiratet, wendet er sich von Juliette ab, doch findet er in dieser Beziehung abermals nicht die Befriedigung wie bei seiner „schwarzen Venus"[182]. Um seiner Karriere nicht zu schaden, schickt er die Farbige jedoch nach Paris und befreit sich somit von allen „Nachteilen" im neuen Deutschland.

Die sadomasochistischen Spielchen mit Juliette sind nach einem genauen Schema festgelegt. So dürfen niemals im Gesicht ihre Strafen sichtbar werden. Die Kollegen sollen von seinem Geheimnis nichts mitbekommen. Als Juliette ihn doch einmal ins Gesicht schlägt, wird

---

179 Pasche, Wolfgang: Interpretationshilfen Exilromane: Klaus Mann, Mephisto; Irmgard Keun, Nach Mitternacht; Anna Seghers, Das siebte Kreuz. Stuttgart/Dresden: Klett 1993, S. 54.

180 Seine Zeit und sein Denken sind so auf ihn beschränkt, dass er nicht einmal die Briefe seiner Mutter wirklich liest, siehe Mann (2001), S. 218.

181 Ebd., S. 283.

182 Die Vertauschung der Farben (rote Peitsche und grüne Stiefel gegen grüne Peitsche und rote Stiefel) deuten auf Ersatzbefriedigung hin, ebd., S. 388.

Höfgen sehr sauer. Er will stets die Kontrolle über seine Mitmenschen besitzen.

Neben der sexuellen Lust setzen die Tanzstunden auch die künstlerische Energie frei. Diese Energie braucht er, damit er auf der Bühne der unumschränkte Diktator sein kann.[183] Er liebt diese Macht. Sie hilft dem Künstler zur Identitätsbildung und Ich-Stärkung. Die außergewöhnlichen Spielchen sind Ausdruck seines exzentrischen Charakters. Er unterwirft sich der Hure Juliette, um außerhalb der Theaterwelt seine Schwächen ausleben zu können.[184] Eine große Rolle spielen dabei Angst und Wonne. Von dieser Lust ist er so abhängig, dass er immer wieder zu Juliette zurückkehrt. Bei ihr kann er sich geben, wie er ist. Im Gegensatz zu seinen weiteren Mitmenschen durchschaut sie ihn und bezeichnet ihn auch sehr treffend als „mein Schweinchen"[185], „mein Affe"[186] oder „Dreckhaufen"[187].

3.1.2 Die sprachlichen und stilistischen Mittel des Romans

Der Roman ist in zwei Teile aufgeteilt.[188] Im ersten Teil wird ein genaues Psycho- und Soziogramm von Hendrik Höfgen entworfen. Seinen Aufstieg bis zum gefeierten Star an der Hamburger Bühne schildert ein auktorialer Erzähler. Erst im zweiten Teil des Werkes geht das Geschehen auf die Zeit des Dritten Reiches ein. Es fällt auf, dass mehr als die Hälfte des Buches im Zeitraum vor 1933 spielt. Auch erscheinen im ganzen Roman typische Bezeichnungen der Nationalsozialisten wie „SS" oder „Faschismus" sehr selten. Der Alltag im Dritten Reich ist für den Roman zum größten Teil unwichtig. Klaus Mann selbst erkennt diesen Mangel an Authentizität.[189] Diese Lücke will er füllen, indem er über Menschen schreibt, die er kennt. Auch die Umgebung in der sich Hendrik Höfgen bewegt, ist Klaus Mann sehr vertraut. In den zwanziger Jahren des letzten Jahrhunderts hat er sich oft in den Theatern Berlins aufgehalten. Der Autor war als Theaterkritiker bei einer Tageszeitung

---

183 Ebd., S. 180.
184 Siehe dazu Ebd., S. 61 ff.
185 Ebd., S. 78.
186 Ebd., S. 79.
187 Ebd., S. 81.
188 Der erste Teil umfasst die Seiten 29 bis 225, der zweite Teil besteht aus den Seiten 226 bis 392 und dem Vorspiel. Vgl. ebd.
189 Siehe Pasche (1993), S. 40.

angestellt, außerdem führte er zwei seiner eigenen Stücke mit seiner Schwester Erika, Pamela Wedekind und Gustaf Gründgens auf.[190]

Der Roman lebt von den Kontrasten der handelnden Figuren. Beim Vorspiel des Werdegangs Hendrik Höfgens fällt die Oberflächlichkeit, auf, welche sich in der Überladung des Schauplatzes ausdrückt. Auf der anderen Seite steht in dieser opulenten Feier das scharf umrissene Gespräch der beiden ausländischen Botschafter im Mittelpunkt. Auch die Einsamkeit der Emigranten im Gegensatz zu dem umjubelten Hendrik Höfgen spiegelt einen Kontrast wider.

Die berühmten Schauspieler des Dritten Reiches, die im Werk auftreten, sind alle von sich eingenommen und aufgeblasen, dass der Protagonist in seiner Unnatürlichkeit unter ihnen nicht einmal auffällt. Hendrik Höfgen scheint für ein Leben in dieser Boniertheit wie geschaffen zu sein. Des Weitern treten die faschistischen Politiker alle ohne Namen auf. Ihre Oberflächlichkeit wird dadurch noch unterstrichen. Sie werden wie Handpuppen dargestellt: hölzern und eindimensional. Die Romanausformung der Nationalsozialisten entspricht somit den gängigen Klischees. Klaus Mann umgibt die Repräsentanten des Faschismus mit einer Mischung aus Lächerlichkeit und intrigantem Verhalten.

Die sprachlichen Mittel des Autors zeigen sich am besten anhand der scharf gezeichneten Kontraste der Figuren; dabei versucht er nach und nach den Scheincharakter, besonders der Hauptfigur Hendrik Höfgen, zu enttarnen.

Lotte Lindenthal wird als die „Idealgestalt unter den deutschen Frauen"[191] gekennzeichnet. Sie ist somit die Mutter aller Frauen im nationalsozialistischen Deutschland.[192] Auf die Religion übertragen bedeutet dieser Ausspruch, dass die Schauspielerin mit der Mutter Gottes gleichgestellt wird. Sie wirkt mütterlich und naiv, was mit einer religiösen Überhöhung gleichzusetzen ist. Die Attribute Lottes werden außerdem mit der Königin Luise gleichgesetzt.[193] Auf der anderen Seite deutet er mit Wortspielen und Wortkoppelungen auf ihre Unnatürlichkeit hin.

---

190 Diese beiden Theaterstücke heißen „Anja und Esther" und „Revue zu Vieren".
191 Mann (2001), S. 24 f.
192 Siehe dazu: Pasche (1993), S. 56.
193 Mann (2001), S. 24.

„Sie verschenkte ein Lächeln - mehr verschenkte sie nie."[194]

Es gibt aber auch Wortneuschöpfungen wie „total unbegabte, nichts-als-blonde Schauspielerin". Diese Neologismen werden für die nähere Beschreibung der einzelnen Personen eingesetzt. Der Leser soll hinter die jeweilige Fassade der Figuren blicken können und so den wahren Charakter erkennen. Außerdem werden die Beziehungen der einzelnen Charaktere untereinander aufgezeigt.

Humor steht an erster Stelle bei der Charakterisierung der Personen. Ein Klischee jagt das nächste, wobei Klaus Mann einen Blick für Details und Nuancen hat. Seine Kunst besteht außerdem in einer knappen Milieuschilderung. Mit wenigen Impressionen fängt er die Zeitatmosphäre ein und nimmt dazu seine eigenen Erfahrungen, aus der Zeit als er in der Berliner Theaterwelt unterwegs war, in das Schreiben auf.

Dies steht ganz im Gegensatz zu der Beschreibung der Menschen im Exil: Hier fällt in der Charakteranalyse Nüchternheit und Präzision auf. Die Künstler und Intellektuellen im Ausland sind immer nur skizzenhaft umrissen, sie ähneln Geistern. Die Exilanten erscheinen jedoch stets physisch und materiell bedroht. Doch diese Gruppe scheint eindeutig als Gegentypus für die Nationalsozialisten gedacht zu sein.

Das Werk ist als Kolportageliteratur[195] angelegt. Diese Methode wirkt meist wie ein Schlüsselroman und ist eine Technik, die eigentlich erst nach dem Zweiten Weltkrieg verwendet wird. Im ganzen Werk stehen sich zwei Parteien gegenüber:

> „Einer nazistischen, konsumistischen, antidemokratischen, rüstungsbeflissenen Konkurrenzgesellschaft entgegen stehen das Eintreten für Solidarität, soziale Gerechtigkeit, Umverteilung des Reichtums, echte Demokratie, Frieden etc. Dabei besteht die Lehre dieser Texte in dem moralischen Postulat, daß das im linksbürgerlichen Sinne richtige Engagement mit Erfolg belohnt wird."[196]

---

194 Ebd., S. 25.
195 Kolportage ist heute der Begriff von der Verbreitung von ungesicherten, falschen Informationen und Gerüchten. Der Begriff der Kolportageliteratur wird bei so genannten Groschenromanen und „Schmutz- und Schundliteratur" gebraucht, siehe „I. Abschnitt: Monarchie und Erste Republik. Kapitel 1". www.sbg.ac.at/ges/dipldiss/flandera/ein.tm - Stand: 14.02.2004.
196 Frechel (1991), S. 215 f.

Aber auch in einzelnen Szenen wird die Kolportagetechnik deutlich, die besonders die Sensationslust des Publikums stillen möchte. Zwischen Höfgen und Juliette besteht eine masochistische Liebesbeziehung. Der Autor gibt dem Leser Einblick in diese und zeigt so das Verbotene. Die „Unterhaltungsbedürfnisse"[197] des Lesers sollen befriedigt werden. Außerdem übernimmt er Passagen aus öffentlichen Ansprachen von bekannten Persönlichkeiten, wie zum Beispiel von Gottfried Benn[198], und legt sie den Figuren des Stückes in den Mund. Das Buch hat daher den Ruf bekommen, dass es einen Blick in die Intimsphäre berühmter Personen erlaubt. Manns eigene Sorgen und Probleme werden ebenfalls in seinem Werk verarbeitet, was dazu führt, dass es „persönliche, private, intime Bücher"[199] werden.

Durch den Roman führt ein auktorialer Erzähler, der die Bewertung der Charaktere und die Handlungsstränge vorgibt. Die klischeehaften Charakterisierungen der Identifikationsfiguren stammen von ihm. Der Leser kann sich dieser Meinung schlecht entziehen.

3.1.3 Die Symbolik des Romantitels

Der Titel ist unweigerlich mit Johann Wolfgang von Goethe verbunden. Im Goethes „Faust"[200] ist Mephistopheles der Verführer. Er verkörpert die Materie, den Genuss, die Sinnlichkeit und die Trägheit, während Gott den Geist, das Übersinnliche, die Tätigkeit und das Streben nach Wissen dargestellt. Faust ist dem gegenüber die Verkörperung der Menschheit, in dessen Körper zwei Seelen leben, bestehend aus Gott und Mephistopheles.[201]

Mephisto[pheles] ist der gefallene Engel. Er ist der göttliche Gegenspieler. Nachdem Gott die Erde und ihre Bewohner erschaffen hatte,

---

197 Pasche (1993), S. 66.
198 Besonders auffällig ist hierbei sind der Essay „Kunst und Drittes Reich" und der Essay „Der neue Staat und die Intellektuellen" von Gottfried Benn. Benn, Gottfried: Der neue Staat und die Intellektuellen. Stuttgart/Berlin: Deutsche Verlags-Anstalt 1933; Benn, Gottfried: „Kunst und Drittes Reich". In: Gottfreid Benn, Essays, Reden, Vorträge. Hrsg. von Dieter Wellershoff. Gesammelte Werke in vier Bänden., Erster Band. Wiesbaden: Limes 1959, S. 299-323.
199 Reich-Ranicki (1968), S. 43.
200 Goethe, Johann Wolfgang von: Faust. Wiesbaden: Dieterich'sche Verlagsbuchhandlung 1953.
201 Ebd., Vers 1112-1117.

priesen die Engel seine Herrlichkeit, doch einer der Erzengel pries die Schöpfung nicht. Immer wieder hielt er Gott die Fehlerhaftigkeit - die Menschen und der freie Wille - seiner Schöpfung vor.[202] Bei diesem Spiel zwischen Gott und Mephisto ist letzterer niemals gleichberechtigt. Mephisto bleibt ein Schalk, ein Hofnarr. So greift er niemals die Schöpfung im Ganzen an, sondern eigentlich nur den Menschen:

> *„Ich sehe nur, wie sich die Menschen plagen.*
> *Der kleine Gott der Welt bleibt stets von gleichem Schlag,*
> *Und ist so wunderlich als wie am ersten Tag.*
> *Ein wenig besser würd er leben,*
> *Hättest du ihm nicht den Schein des Himmelslicht gegeben;*
> *Er nennt's Vernunft und braucht's allein,*
> *Nur tierischer als jedes Tier zu sein."*[203]

Das Zentrum der Schöpfung ist der Mensch, welcher jedoch nach Mephisto nicht allzu gelungen sei, besonders da der Mensch gottlos sei und sich selber für den Allwissenden halte. Der freie Wille sei für diese Haltung verantwortlich. Gott dagegen vertraut den Menschen und geht zum Schein auf die Wette ein. Gottes Vorteil ist es nämlich, dass er das Ende und damit Fausts Tod schon im Voraus weiß, da er der Herrscher über Leben und Tod ist.

> *„Weiß doch der Gärtner, wenn das Bäumchen grünt,*
> *Daß Blüt und Frucht die künft'gen Jahre zieren."*[204]

So lässt sich Gott nicht wirklich auf die Wette ein.[205] Die Gegenspieler sind überzeugt, dass sie die Wette gewinnen.[206] Dabei spielt auch die Urlast der Menschheit mit. Auf Faust lastet die alte Prüfung, das Gute vom Bösen zu unterscheiden und richtig zu entscheiden. Adam und Eva haben diese Prüfung nicht bestanden. Doch am Schluss erkennt der Leser, dass Mephistopheles und Gott sich eigentlich gegenseitig brauchen. Das Gute kann ohne das Böse nicht existieren. Außerdem geht Faust mit Mephisto eine Wette ein. Mephisto verspricht Faust, ihn von seinem Gram, seiner Angst um

---

202 Ebd., Vers 270-293.
203 Ebd., Vers 280-286.
204 Ebd., Vers 310 f.
205 Ebd., Vers 315 ff.
206 Ebd., Vers 323-332.

das Unwissen, zu befreien.[207] Ein neues Leben mit dem Teufel als Diener soll beginnen. Der Einsatz hierfür ist die Seele Fausts.[208]

Im Roman von Klaus Mann sind die Rollen ähnlich verteilt. So ist Hendrik Höfgen in seiner „realen" Welt Faust, der von Mephisto, nämlich den Nationalsozialisten, verführt wird. Die Macht und der Reichtum ziehen Hendrik Höfgen an. Für Faust ist es wiederum das Wissen und Helena, die Mephisto anziehend für den Machthungrigen machen. Beide können das Angebot nicht ausschlagen. So geht auch Hendrik Höfgen den Pakt mit dem Teufel, symbolisch in der Opernszene[209], ein. Mephistopheles ist im Roman mit dem Ministerpräsidenten als Symbolfigur für den Nationalsozialismus gleichzusetzen.

Auf der Bühne spielt Hendrik Höfgen den Mephistopheles und verführt seine Partner sowie das Publikum, das ihn feiert. Die Rolle ist sein Sprungbrett in die Welt der Reichen und Schönen. Erst nach dieser Rolle muss er nicht mehr voller Neid auf die alteingesessenen Familien Deutschlands blicken, sondern ist selbst ein gefeierter Schauspieler. Seine Familie und er haben nun alles, was sie sich schon immer leisten wollten. Sie sind aus dem Kleinbürgertum in die feine Gesellschaft aufgestiegen.

Doch im Roman scheint es keinen Schalk zu geben, der den Zerrspiegel hervorholt und die Tugenden des Lebens aufweist. So kann es nur der Autor selbst sein, der den Mephisto verkörpert. Klaus Mann will den Intellektuellen in Deutschland einen Spiegel vorhalten. So verführt er mit seinem Schreibstil und seiner inhaltlichen Spannung den Leser, die Geschichte zu Ende zu lesen.

Die Figur aus dem „Faust" wird in Manns Roman also in drei verschiedene Verführer aufgeteilt. Der Nationalsozialismus und seine Vertreter symbolisieren den verschmitzten, hinterhältigen Mephisto, der mit der Macht lockt. Hendrik Höfgen dagegen ist eher der schillernde Mephisto, der mit seinem Auftritt und seiner schauspielerischen Kunst überzeugt. Der Autor selbst ist der verführende Mephisto, der die Leser an seine persönliche Wahrheit glauben lassen möchte.

---

207 Ebd., Vers 1635–1648.
208 Ebd., Vers 1656–1660.
209 Mann (2001), S. 260.

3.1.4 Klaus Mann und das Buch

Schon sehr früh wanderte Klaus Mann aus Deutschland aus. Bereits auf der dritten „Ausbürgerungsliste" vom 13. November 1934 stand sein Name. Die Begründung für seine Ausbürgerung lautete, dass die dort aufgeführten Personen ein Verhalten an den Tag gelegt hatten, „das gegen die Pflicht zur Treue gegen Reich und Volk verstößt, [...]"[210]. Er begründete seine Emigration durch die Angst vor dem Eingesperrt sein:

> „Ich habe Deutschland verlassen, weil die Nazis mich sonst totgeschlagen - mindestens eingesperrt - hätten; weil ich – sogar wenn ich in „Freiheit" geblieben wäre - in der Luft des Dritten Reiches hätte ersticken müssen; weil ich von außen - mit den Mitteln, die mir zur Verfügung stehen- den deutschen Faschismus bekämpfen will."[211]

Klaus Mann kann auch als Emigrant der ersten Stunde bezeichnet werden. Aber auch er, obwohl er früh die von den Nationalsozialisten ausgehende Gefahr erkannte, gibt sich der Hoffnung hin, dass der Alptraum bald zu Ende ist. In der ersten Zeit des Exils ist dies auch in seinen Aufsätzen und Werken zu spüren. Die politische Voraussicht führt zu einer Überschätzung der eigenen Rolle in den gesellschaftliche Auseinandersetzungen. Bis zum Ende des Zweiten Weltkrieges führte er einen Kampf gegen den deutschen Nationalsozialismus. Diese Rolle fiel nach 1945 weg, was ihn in eine tiefe Krise stürzte. Viele der Exilanten kamen nach Deutschland zurück und passten sich der neuen Situation an. Klaus Mann kannte dies nicht. Er starb kurze Zeit später.

Als der Roman zum ersten Mal erschien, schrieb Klaus Mann schon längst an einem neuen Werk.[212] Schon in den letzten Tagen der Fertigstellung des „Mephisto" wirkte er schon ganz gespannt und aufgeregt, weil er den neuen Roman anfangen durfte.[213] In den Jahren des Exils wendete sich Klaus Mann ganz der Thematik der Exilanten zu. Kurz nachdem der Autor Deutschland verlassen hatte, begann

---

210 Zitiert nach Dirschauer, Wilfried: Klaus Mann und das Exil. Nummer 2, Deutsches Exil 1933-1945, Eine Schriftenreihe. Worms: 1973, S. 23.
211 Ebd., S.24.
212 Der Roman heißt „Der Vulkan".
213 Mann, Klaus: Tagebücher 1936 bis 1937. Hrsg. von Joachim Heimannsberg; Peter Laemmle und Wilfried F. Schoeller. München: Rowohlt 1990, S. 69.

er mit dem Roman „Flucht in den Norden"[214]. Der Roman ist geprägt von der Liebesgeschichte zwischen Johanna und Ragnar. Der Leser erkennt sofort, dass der Roman aus sehr geringer Distanz zu dem Thema geschrieben wurde. An vielen Stellen zeigt sich, dass Klaus Mann das Werk hastig in den verschiedensten Hotelzimmern in Paris, Amsterdam und Budapest schrieb. Ende 1935 erhielt Klaus Mann einen Brief von Hermann Kesten, in dem der Vorschlag einen Roman zu verfassen, der auf dem Modell des Aufsteigers basiert, auftauchte.[215] Der Autor war begeistert und schrieb innerhalb von sechs Monaten den Roman von Hendrik Höfgen. Nicht einmal zwei Monate nach der Anregung, am 6. Januar 1936, wusste er schon den Titel des neuen Buches.[216] Erst ab diesem Zeitpunkt retuschierte er die Figuren so, dass die realen Charaktere nicht mehr so deutlich durchscheinen. Besonders schwer fiel ihm dies bei Barbara. In seinen Tagebüchern sagt er ganz offen:

> „Barbara. Sie macht mir am meisten Mühe - weil sie nicht E[rika] werden soll, und natürlich doch E[rika] ist."[217]

Er schrieb in den sechs Monaten bis zu zehn Seiten am Tag, obwohl er die ganze Zeit durch Europa reiste. In der Zeit waren seine Bekanntschaften mit Männern auf ein Minimum reduziert. Er war nicht wählerisch, was ihn auch in zwielichtige Geschäfte brachte. So wurde er in Toulon kurz vor Beendigung seines Buches zusammengeschlagen und ausgeraubt.[218] Klaus Mann nahm in dieser Zeit viele Drogen und arbeitete dennoch an seinem Werk weiter. Am 19. Mai 1936 schloss er den Roman ab.

1936 erschien „Mephisto" mit 2.500 Exemplaren auf dem deutschsprachigen Markt. Nur sehr zögernd besprachen die Kritiker den Roman. Doch das Buch verkaufte sich trotz allem gut. Nachdem die Hälfte der Auflage verkauft worden war, kursierten „Schlüssel" in der Presse und das Buch sowie der Autor wurden von der Presse zerrissen. Zeit seines Lebens beschäftigte sich Mann mit diesem Buch. Immer wieder versuchte er, einen Verleger für das Werk zu

---

214 Mann, Klaus: Flucht in den Norden. Amsterdam: Querido 1934.
215 Mann, Klaus: Tagebücher 1936 bis 1937. Hrsg. von Joachim Heimannsberg; Peter Laemmle und Wilfried F. Schoeller. München: Rowohlt 1990, S. 236-239.
216 Mann (1990), S. 10.
217 Ebd., S. 20.
218 Ebd., S. 51.

finden. Nach seinem Tod im Jahre 1949 übernimmt seine Schwester Erika diese Aufgabe.

Die Motivation von Klaus Mann, den Roman zu schreiben, ist in „dem Phänomen der Faszination durch die Macht auf die Spur zu kommen"[219] zu erkennen. Der „Mephisto"-Roman macht deutlich, wie sehr das Regime auf das Mitwirken ihrer prominenten Bürger angewiesen war, um seine Ideologie durchzusetzen. „Mephisto" wird zu einer Kampfschrift mit plakativer Eindeutigkeit. Klaus Mann arbeitete seine Unversöhnlichkeit mit dem Dritten Reich durch die Figur des Sebastians ein.[220] Für ihn ist es eine Abrechnung mit den Machthabern des Dritten Reiches, wegen denen er aus Deutschland auswandern und eine neue Staatsbürgerschaft annehmen musste.

Sein letztes großes Werk auf Deutsch in der Exilzeit ist „Der Vulkan". Bei dem darauf folgenden Werk handelt es sich um seine Biographie „The Turning Point"[221] in englischer Sprache. Erst nach dem Krieg übersetzte er die Autobiographie ins Deutsche.

3.1.5 Schlüsselroman

Viele Kritiker des „Mephistos" werfen dem Autor vor, dass der Roman ein sehr privates Buch sei, das man so nicht hätte schreiben dürfen.[222] In der Zeit als Klaus Mann den Roman schrieb, waren die Charaktere präsent. Jedoch wissen in der heutigen Zeit nur wenige Leser, wen die einzelnen Figuren darstellen. Es ist also fraglich, ob der heutige Leser den Schlüssel zum Entschlüsseln der Romanfiguren braucht, um den Roman lesen zu können. In den Jahren, als der „Mephisto" veröffentlicht wurde, war es die allgemeine Meinung, dass ein Schlüssel den Reiz des Werkes ausmache. Vielen der Intellektuellen scheint die eigene Rolle, aber auch die Schlüssellochperspektive, die ein Roman vermitteln kann, als peinlich gewählte literarische Form:

---

219 Gregor-Dellin (1973), S. 459.
220 Sebastian ist der beste Freund von Barbara Bruckner, der ersten Frau Hendrik Höfgens, vgl. Mann (2001), S. 240.
221 Mann, Klaus: The Turning Point, Thirty-five years in this century. Reprint. New York: Wiener 1984.
222 Siehe Spangenberg (1986), S. 122-131 und Härle, Gerhard: Männerweiblichkeit, Zur Homosexualität bei Klaus und Thomas Mann. Frankfurt am Main: Athenäum 1988, S. 61.

> „Sigmund Freuds Beobachtung folgend, daß die bloße Enthüllung des inneren Erlebens und Phantasierens im Hörer ‚keine Lust', sondern eher Peinlichkeitsgefühle zu erwecken vermag, lassen sich die Unmutsbekundungen über Manns Werk gerade als Ausfluß solcher ‚Peinlichkeitsgefühle' verstehen."[223]

Kurz nach dem das Buch im Jahre 1937 nach Deutschland geschmuggelt wurde, schrieb Gottfried Benn an Friedrich Walter Oelze[224]:

> „Ich kenne so ziemlich alle, die vorkommen: Pamela W. als zweite Hauptfigur, Johst, mich selbst [Benjamin Pelz] usw. alles überholt u. unergiebig. Nein, die Emigranten sehn die Lage falsch, beziehen sie noch viel zu sehr u. viel mehr als wir selbst auf ihr eigenes Ich, kommen zu keinem Resultat, sehn die Schnittflächen der Welten, das Kampffeld gar nicht."[225]

Gottfried Benn ist einer der Wenigen, die ihre „Verirrung" nach dem Zweiten Weltkrieg zugegeben haben. In seiner Autobiographie „Doppelleben" erklärt er, dass Klaus Mann die politische Situation besser beurteilte, als er es jemals in dieser Zeit getan hat.[226] Klaus Mann betont immer wieder, dass er Typen darstelle und keine Porträts zeigen wolle. Als der Roman in insgesamt 94 Folgen in der Pariser Tageszeitung erschien, machte die Zeitung bei ihrer Ankündigung auf die Schlüsselloch-Perspektive aufmerksam. Auch der Vergleich der Hauptfigur mit Gustaf Gründgens wurde proklamiert. In einem Telegramm machte Klaus Mann jedoch deutlich, dass er sich von diesem Vorwort distanziere, um noch mal auf den symbolischen Charakter der Figuren hinzuweisen.[227]

Doch abzustreiten ist nicht, dass der Leser, wenn er in den Intellektuellen-Kreisen der Weimarer Zeit zu Hause war, den Roman als

---

223 Zitiert nach Härle (1988), S. 63.
224 Friedrich Walter Oelze war ein Brehmer Kaufmann und Brieffreund von vielen Intellektuellen, wie unter anderem Gottfried Benn.
225 Nach Spangenberg (1986), S. 124.
226 siehe Casaretto, Alexa-Désirée: Heimatsuche, Todessucht und Narzissmus in Leben und Werk Klaus Manns. Europäische Hochschulschriften: Reihe 1, Deutsche Sprache und Literatur, Band 1845. Berlin: Lang 2002, S. 21.
227 Mann, Klaus: Zahnärzte und Künstler, Aufsätze, Reden, Kritiken 1933 – 1936. Hamburg: Rowohlt 1992 a, S. 407-410.

Schlüsselroman lesen konnte. Klaus Mann hat eindeutig Züge der Personen, die ihn beschäftigten, übernommen und verarbeitet. Besonders gut zu sehen ist diese Technik auch an den Büchern seines Vaters Thomas Mann. „Die Buddenbrooks"[228] ist das beste Beispiel dieser Schreibstils. In dem Roman, für den Thomas Mann den Nobelpreis bekam, porträtiert der Schriftsteller eine reiche Lübecker Kaufmannsfamilie. 1901 erschien der Roman „Die Buddenbrooks" und löste eine Welle der Empörung aus. Ganz Lübeck fand sich in dem Buch wieder. Ein langer Streit über die Legitimation der Verwendung von Intimansichten der Familien entfachte. Noch fünf Jahre nach der Veröffentlichung wollte sich Thomas Mann mit dem Aufsatz „Bilse und ich"[229] für die Verwendung von Lebensumständen der reichen Familien Lübecks rechtfertigen. Für Gerhard Härle[230] steht fest, dass es jedoch einen Unterschied zwischen den beiden Schriftstellern gibt. Im Gegensatz zu Thomas Mann kann Klaus Mann seinem Werk „keinen lebendigen Geist"[231] einhauchen.

Thomas Mann hat seit dem nie wieder einen Roman veröffentlicht, der so genau reale Personen wiedergab. Sein nächstes weltberühmtes Buch „Der Zauberberg"[232] hat aber auch eine reale Hintergrundgeschichte. Er porträtiert hier die Kurbekanntschaften seiner Frau. Katja Mann schrieb ihrem Ehemann Briefe von ihrer Kur in Davos, in denen sie ihm von ihrem Alltag in der Kurklinik berichtete. Auch ihre neuen Freunde beschrieb sie ihm, der diese Thematik zum Anlass für seinen neuen Roman nahm.

Genauso gut kann der Leser in der Figur des „Echo" im „Doktor Faustus"[233] den Enkel Thomas Manns wieder erkennen. Der Schriftsteller vergötterte seinen Enkel Friedo Mann. Im Roman stirbt der kleine „Echo" qualvoll.[234] Der Schriftsteller erklärte die Verarbei-

---

228 Mann, Thomas: Die Buddenbrooks, Verfall einer Familie. Zürich: Artemis und Winkler 1995.
229 Mann, Thomas: Essays, Band 1: Frühlingssturm 1893-1918. Frankfurt am Main: Fischer 1993, S. 36-51.
230 Härle (1988), S. 63.
231 Ebd., S. 63.
232 Mann, Thomas: Der Zauberberg. Frankfurt am Main: Fischer 2001.
233 Mann, Thomas: Doktor Faustus, Das Leben des deutschen Tonsetzers Adrian Leverkühn. Frankfurt am Main: Fischer 1986.
234 Krüll, Marianne: Im Netz der Zauberer, Eine andere Geschichte der Familie Mann. Frankfurt am Main: Arche 1991, S. 373 f.

tung bekannter Personen in Romanen in seinem Aufsatz „Bilse und ich":

> „Wenn man alle Bücher, in denen ein Dichter, ohne von anderen als künstlerische Rücksicht geleitet worden zu sein, lebende Personen portraitiert hat [...] [auf einen Index setzen wollte], so müsste man ganze Bibliotheken von Werken der Weltliteratur [...] versammeln, darunter die aller unsterblichsten."[235]

Klaus Mann verarbeitete, dem Beispiel des Vaters folgend, in allen seinen Stücken Personen, die ihm nahe stehen. Auch Gustaf Gründgens ist im „Mephisto" nicht zum ersten Mal in einem Werk von Klaus Mann wieder zu finden. Im „Treffpunkt im Unendlichen"[236] wird Gustaf Gründgens zum ersten Mal in der Figur des Gregor Gregori lebendig. Die Hauptfigur dieses Romans hat fast eine krankhafte Gier nach Ruhm und Macht. Auch in Äußerlichkeiten ähneln sich Hendrik Höfgen und Gregor Gregori. Beide sind hochgewachsen und haben ein adlerhaftes Aussehen. Die Textstellen der Beschreibung sind austauschbar, genauso wie die Probeszenen im Theater. Außerdem ähneln sich in den Werken die Namen einiger wichtiger Personen. So wird aus dem Kenner der Gesellschaft Maurice Larue im „Mephisto" der Journalist Pierre Larue. Sebastian, der in beiden Romanen die Züge Klaus Manns hat, behält seinen Namen bei. Auch die Beziehung, welche Sebastian zum jeweiligen Protagonisten hat, ist in beiden Fällen getrübt. Auffällig ist die Szene, in welcher Gregori um Sonja wirbt, fast genauso wiederholt es sich bei Höfgen und Barbara. Beide Protagonisten kommen aus dem Kleinbürgertum und arbeiten sich hoch. Der erste Roman spielt zur Zeit der Weimarer Republik, der zweite sowohl in der Weimarer Zeit als auch zu Beginn des Nationalsozialismus'. Der Aufstieg und Erfolg von Hendrik Höfgen in seiner Berliner Zeit sind im eigentlichen Sinne die Geschichte Gregoris. Klaus Mann verflocht in beiden Romanen seine Enttäuschung über das Versagen der Intellektuellen Deutschlands, wie unter anderem Gottfried Benn, mit der Geist- und Verantwortungslosigkeit der Kulturproduzenten im Dritten Reich.

Aber nicht nur der Roman „Treffpunkt im Unendlichen" ist eine Vorbereitung auf „Mephisto", sondern auch andere Schriften von

---

235 Mann, Thomas (1993), S. 39.
236 Mann, Klaus: Treffpunkt im Unendlichen. München: Edition Spangenberg 1992 b.

ihm[237] und anderen Schriftstellern[238], die er während der Fertigstellung des „Mephisto" gelesen hat. In der Tarnschrift „Deutsch für Deutsche"[239] schreibt der Schriftsteller einen offenen Brief an Emmy Sonnemann-Göring. In ihm ist die Motivation für die Entstehung des Romans offen gelegt. Die Schauspielerin hatte gerade Hermann Göring geheiratet. Klaus Mann zeigt die Vereinigung von Schauspiel und der entarteten Macht:

> „Hand auf's Herz, liebe Generalin, sind Sie eine glückliche Frau? Gibt es nichts, was Sie stört? Hat Ihr Eroberer derartig starke Reize, daß er Sie alles vergessen macht, woran das gutmütige und feine Herz einer Künstlerin sonst Anstoß nehmen kann? [...] Treten hinter den üppigen Portieren nicht die Erschlagenen aus den Konzentrationslagern hervor, die zu Tode Geschundenen, die auf der Flucht Erschossenen, die Selbstmörder? Erscheint nicht ein blutiges Haupt? Es ist vielleicht Erich Mühsam – ein Dichter –, und es war doch Ihr Beruf, Dichterworte zu sprechen, ehe Sie die Mutter eines verdammten Landes wurden, das von seinen Dichtern die Mutigsten totschlägt oder verbannt. Oder es ist Ossietzky – er sieht schrecklich zugerichtet aus, und das nur, weil er sich zum Frieden bekannte –; in seinem frechsten Momenten führt aber auch Ihr geschmückter Gemahl noch immer Frieden im Mund." [240]

Das Vorspiel im „Mephisto" spiegelt die Hochzeit der beiden wieder. Das Pamphlet an Emmy Sonnemann-Göring zeigt die Gedanken, die Klaus Mann mit dieser Szene in Verbindung bringt. Der Glanz und der Reichtum aller Anwesenden, aber besonders der Einladenden, dazu die oberflächlichen Unterhaltungen sowie zum guten Schluss der Auftritt des Ehepaares, zeigen die Dekadenz der herrschenden Klasse. Die Glitzerwelt soll von der zerstörten Außenwelt ablenken.

---

237 Wie der im Folgend erwähnte offene Brief an Emmy Sonnemann-Göring.
238 Unter anderem sein Onkel Heinrich Mann mit seinen Werken „Szenen aus dem Nazileben" und „Der Untertan", wie im nachfolgenden Text erklärt wird.
239 Neu herausgegeben von Studienbibliothek zur Geschichte der Arbeiterbewegung (Hg.): Deutsch für Deutsche (Tarnzeitschrift), Zürich, 1978.
240 Mann (1992 a), S. 287 f.

Heinrich Manns „Szenen aus dem Nazileben"[241] und die anderen Aufsätze aus dem Band „Hass"[242] sind weitere Stützen für den „Mephisto", genauso wie „Der Untertan"[243] und „Im Schlaraffenland"[244]. In all diesen Schriften seines Onkels ist das Leben im nationalsozialistischen Deutschland Thema, wie unter anderem die Ermordung von Hans Otto. In den politischen Schriften Heinrich Manns zeigt dieser den bürgerlichen Intellektuellen die Ursachen, Aufgaben und Ziele des Kampfes. Klaus Mann übernimmt Ansichten aus diesen Schriften und baut sie in den „Mephisto" ein. Die Beschreibung des aalglatten Karrieristen in Guy de Maupassants Roman „Bel Ami"[245] ist ein weiteres Vorbild für Hendrik Höfgen. Aber nicht nur Klaus Mann griff in dieser Zeit Gustaf Gründgens an. Maximilian Scheer veröffentlichte in der Zeitschrift „Die neue Weltbühne" den Werdegang des Schauspielers als Beispiel für den moralischen Abstieg des deutschen Theaters. Scheer legt offen die Verbindungen zwischen Gustaf Gründgens und den Parteispitzen dar. Im Fazit des Artikels resümiert Scheer:

> „Als er sah, daß man sein Handwerk brauchte, um den Zusammenbruch des deutschen Theaters zu verdecken, gab Gründgens sich dazu her, dem Blutregime beizuspringen und eine Kulturdekoration aufzurichten. Er ist kein ‚Fall', denn er war nie ein politischer Mensch. Aber er ist ein Beispiel: der Apolitiker, der sich der lichtlosesten Reaktion verbündet."[246]

Diese Aussage ist auch auf den „Mephisto" zu beziehen: Es geht Mann nicht nur um den einen Schauspieler, sondern um den Typus „Karrierist" im Dritten Reich.

---

241 Mann, Heinrich: „Szenen aus dem Nazileben". In: Mann, Heinrich: Hass. Frankfurt am Main: Fischer 1987, S. 197- 235.
242 Mann, Heinrich: Hass. Frankfurt am Main: Fischer 1987.
243 Mann, Heinrich: Der Untertan / Im Schlaraffenland, Zwei Romane. Berlin: Claasen 1976.
244 Mann, Heinrich: Der Untertan / Im Schlaraffenland, Zwei Romane. Berlin: Claasen 1976.
245 Klaus Mann las das Buch, ebenso wie die Bücher seines Onkels, während er am Roman „Mephisto" schrieb, siehe Mann (1990), S. 13 und 18.
246 Zitiert nach: Kleinteich, Sylvia: Künstlerproblematik und Gesellschaftsanalyse in den Zeitromanen Klaus Manns, Phil. Diss. masch. Leipzig: 1979, S. 55.

Nicht nur Klaus Mann hat sich Figuren aus anderen Romanen zu Nutze gemacht, auch Thomas Mann hat Bezug auf den Protagonisten von Klaus Manns Roman genommen. Viele Interpreten gehen davon aus, dass Klaus Manns „Mephisto" eine Anregung für Thomas Manns „Doktor Faustus" war. Die Notizen mit denen Thomas Mann die Geschichte von Leverkühn erzählt, sind zwar aus dem Jahre 1901, aber der sieben Jahre vorher veröffentlichte Roman „Mephisto" gab den Ausschlag den längst vergessenen Romanstoff wieder aufzunehmen. In den Briefen von Katja Mann sieht der Leser zwar, dass Thomas Mann niemals die Romane seiner Kinder wirklich gelesen hat.[247] Er nahm nur „Kontakt" mit den Stoffen auf. Es lässt sich also nicht sagen, welche Texte seines Sohnes Thomas Mann ganz gelesen hat. Doch die Parallelen der beiden Stoffe sind sehr auffällig.

> „Darüber hinaus bleibt allemal die Konstellation auffällig, daß Vater und Sohn sozusagen arbeitsteilig das antagonistische Verhältnis Faust -Mephisto gestaltet haben, und zwar in den ihnen jeweils zukommenden Rollen: Klaus Mann, der Nein-Sager und Verweigerer, befasst sich mit dem negierenden Geist, dem das Spiel höher steht als die Moral; Thomas Mann hingegen, der Leistungsethiker, widmet sein Interesse dem Schöpfer-Helden, der sein Leben für ein Werk opfert - und beide Autoren führen in ihren Protagonisten ein zentrales Charakteristikum des eigenen Wesens ad absurdum."[248]

Der Roman von Klaus Mann besaß von Anfang an den Ruf, dass der Leser hier einen unerlaubten Blick in die Intimsphäre der Betroffenen werfen könne. Doch Klaus Mann nahm bei diesem und jedem anderen Werk immer Personen, die er kannte, als Vorbilder seiner Charaktere. Das Theatermilieu als Umgebung für dieses Werk zu nehmen, zeigt ebenfalls, dass der Autor in ihm Bekanntes nachzeichnet.[249] Der Roman wird von Klaus Mann als Zeitsatire bezeichnet.[250]

---

247 Härle (1988), S. 88.
248 Ebd., S. 89.
249 Wie schon erwähnt, hat Klaus Mann in den zwanziger Jahren für das Berliner Zwölf- Uhr- Mittagsblatt Theaterkritiken geschrieben.
250 Spangenberg (1986), S. 92. Gleichzeitig kann der Roman wegen seiner Geschichte auch als Künstlerroman angesehen werden.

Ein weiterer Tenor ist, dass sich auch die Öffentlichkeit mit dem Thema des „Schlüsselloch-Voyeurismus" beschäftigte. Die Presse hatte in dieser Zeit ebenfalls die verschiedensten Meinungen. Maximilian Scheer von der Berliner Zeitung brachte als glühender Verfechter des Schlüsselromans am 21.7.1956 einen Artikel heraus, der gut herausstellt, was der Roman außerhalb der Diskussion bedeutet.[251] Er weist besonders auf die Bloßstellung des Regimes hin und nicht auf die von Gustaf Gründgens. Für Scheer war es wichtig, dass der Roman ein Stück Licht in das Dunkel der Nazi-Zeit bringt. Hendrik Höfgen ist für ihn ein gut gewählter Charakter, der als Schauspieler den Aufsteiger darstellt - eine Sicht, die bis heute wenige Kritiker[252] vertreten:

> „Noch dreißig Jahre nach seiner Erstveröffentlichung ergötzte oder empörte sich Schlüsselloch-Voyeurismus mehr darüber, wer mit der Figur des Hendrik Höfgen gemeint sein könnte, als daß der Roman als eine Kampfschrift gegen Karrierismus im totalen Staat zur Kenntnis genommen und gewürdigt worden wäre."[253]

Die Schlüssellochperspektive wird durch den Wechsel von allgemeinen und speziellen Aussagen zu Hendrik Höfgen erzeugt.

Die Verteidiger des Romans weigern sich meistens, die Parallelen zu Gustaf Gründgens Leben zu erkennen. Die Romankonzeption wird auf Kosten des Individuums als reiner Typus angesehen. Die Gründgens-Liebhaber sehen nur den Menschen ohne Schwächen. Die problematische Position im Dritten Reich wird von ihnen meist retuschiert. So sind beide blind für die Gegenseite.

---

251 Siehe Kleinteich (1979), S. 55.
252 Wie zum Beispiel Weil, Bernd: Klaus Mann: Leben und literarisches Werk im Exil. Frankfurt am Main: Fischer 1983, S. 70 f.
253 Gregor-Dellin, Martin: „Klaus Manns Exilromane", S. 459. In: Die deutsche Exilliteratur 1933-1945. Hrsg. von Manfred Durzak. Stuttgart: Reclam 1973, S. 457-464.

3.2 „Die Brüder Lautensack" von Lion Feuchtwanger

3.2.1 Der Hellseher Oskar Lautensack als Figur eines Mitläufers

Oskar Lautensack, der Protagonist der „Brüder Lautensack", ist am Anfang der Geschichte arm und mittellos und somit auf Hilfe von außen angewiesen. Mit der offensichtlichen Begeisterung und den lockenden Verheißungen seines Bruders ist Oskars Weg Nationalsozialismus geebnet. Reichtum und Macht sind ein weiterer Motor für die Freundschaften zu den Obersten des Regimes. Doch ein überzeugtes Mitglied der Partei wird er nie. Seine Begeisterung für die Partei ist in erster Linie der Aussicht auf Erfüllung seines Lebenstraumes sowie Hitlers Ausstrahlung zu verdanken. So stürzen ihn später auch das Geld und der Ruhm in den Tod. Von Anfang an gibt Oskar den Menschen in seiner Umgebung das Gefühl, dass es für sie ein Segen sei, wenn sie mit ihm zu tun hätten. Diese Überheblichkeit legt er nicht erst mit dem Geld und dem Ruhm an den Tag, sondern schon lange davor:

> „Genau wie sich's der Alois vorgestellt hatte, tat er großartig und gab sich gnädig, als erwiese er dem Alois eine Gunst, wenn er bei ihm und von ihm lebe. Ja, besonders unverschämt war Oskar heute. Er aß mit Behagen von des Alois Käse und Schinken und Eiern und von seinem fetten Kuchen, genannt Gugelhopf, und würzte sich den Schmaus durch scharfe Hohnreden gegen den Geber."[254]

In Oskars Leben ist die bronzene Maske, welche die Bildhauerin Anna Tischenreuther Oskar schenkt, das erstrebenswerte Ideal, dem er ähnlich sein möchte. Sie ist für ihn das Symbol für Perfektion. Anna sieht darin sein Genie abgebildet. Doch erreichen wird er dieses Ideal nie, da die Verheißungen seines Bruders verlockender erscheinen. Die Entscheidung, sein Genie auszubauen, hätte erfordert, dass er sein Buch über „Größe und Grenzen der Telepathie" schreibt und die Tricks bei seinen Vorführungen unterlässt. Doch die Effekthascherei und seine beschränkten geistigen Fähigkeiten lassen ihn direkt in die Arme seines Bruders und der Nationalsozialisten laufen. Die Maske lässt Oskar jedoch nie im Leben los. Nur ihr fühlt er sich verpflichtet.[255] Gleichgesetzt mit dem religiösen Symbol des

---

254 Feuchtwanger (1993), S. 16.
255 Ebd., S. 24 und 69.

Kreuzes ist die Maske ein heiliges Symbol für den Hellseher. In seiner Wohnung hängt sie alleine an einer Wand, und er spricht zu ihr und „betet" sie an.[256] Anna Tischenreuther nimmt ihm das Versprechen ab, „alle Tricks zu unterlassen und seine ganze Kraft der reinen Telepathie zu widmen"[257] - ein Versprechen, das er nicht lange halten kann. Mit Geld und Ruhm kommt die Trickbetrügerei wieder hervor. Am Ende des Romans glaubt er, der Maske und damit der Perfektion näher gekommen zu sein, doch ist er in diesem Moment davon weiter entfernt als jemals zuvor in seinem Leben.[258]

Äußerlich erscheint Oskar Lautensack als ein bequemer, etwas zu kleiner und rundlicher Mann. So ist er „klein" und hat eine „breite Statur",[259] und hat „heftige, blaue Auge unter dicken, dunkeln Brauen"[260]. Seine Gesichtszüge sind griechisch-klassisch beschrieben, so dass ihm etwas Verschlagenes anhaftet.[261]

Der Gegenpart zu Oskar ist sein eigener Bruder, der ihn kurz vor seinem Tod verrät.[262] Er ist klein und schmächtig:

> „[...] , alle Züge schärfer, der Mund noch schmaler, aber er grinste übers ganze Gesicht, vergnügt, spitzbübisch, spießgesellenhaft, zuversichtlich, frech, schlau; ‚kühn und siegesbewußt', [...]"[263]

Die Beschreibung passt auf einen Erpresser, Zuhälter und Mörder, der nur mit Hilfe der Partei nicht im Zuchthaus landet.[264] Bei seinem Besuch in München ist sein Plan für beide Brüder einfach und effektiv. Mit Oskars seltenen hellseherischen Fähigkeiten und seinem praktischen und skrupellosen Geschäftssinn möchte Hans auf

---

256 Ebd., S. 29 und 69.
257 Ebd., S. 14. An diesem Zitat erkennt der Leser, dass Oskar Lautensack schon früh im Roman als Trickbetrüger und Lügner hingestellt wird. In Wirklichkeit kann er gar nicht in die Zukunft schauen. Durch kleine Tricks und Helfershelfer werden die Séancen durchgeführt.
258 Siehe ebd., S. 209. In seinem Haus lässt er Abhörgeräte installieren, damit er jedes Wort in jedem Winkel des Hauses mithören kann. Eine gute Vorbereitung, damit er später bei Séancen eigentlich unbekannte Details des Lebens „hellsehen" kann.
259 Ebd., S. 13.
260 Ebd., S. 19.
261 Ebd., S. 13.
262 Ebd., S. 294 ff.
263 Ebd., S. 29.
264 Ebd., S. 30.

der Karriereleiter der Partei ein paar Sprossen erklimmen. Der Bruder ist auch derjenige, der Oskar mit der Aussicht auf Geld und Ruhm in die Partei lockt. Bei seinem Besuch in München macht er dem Hellseher ein Angebot, dass Oskar unmöglich ablehnen kann. Hannsjörg unterstützt die Mitgliedschaft seines Bruders in der Partei und drängt ihn in den Vordergrund. Hans ist der Mann fürs Grobe und bleibt von Anfang an im Hintergrund. Doch pflegt er seine Kontakte in der Partei und behält den Überblick. Der Bruder sowie Oskar gehören in die Kategorie der autoritätshörigen Mitläufer, also der größten Gruppe von Opportunisten.[265] Erst als nichts mehr für Oskar zu retten ist, verlässt auch sein Bruder ihn. Der Hellseher genießt und gibt sich jovial im Kreise der Parteioberen:

> „Hannsjörg [...] schob den Bruder in den Vordergrund. Betonte, er selber sei ein Garniemand, der nur infolge günstiger Umstände der Partei habe Dienste leisten können, Oskar hingegen sei von Geburt her begnadet mit einer Gabe, die der Partei sehr tiefer nützlich werden könne, da sie auf eine gewisse Art verwandt sei mit dem Genie des Führers. Oskar hielt zu solchen Reden weislich den Mund und beschränkte sich darauf, bedeutend auszuschauen." [266]

Im Kontrast zu seinem Bruder, ohne den Oskar gar nicht leben kann, ist er für die musikalisch-künstlerische Seite der Familie zuständig.[267] Sein Bruder ist für die weltlichen Dinge in Oskars Leben Verantwortlich - so auch für seinen Eintritt und seinen Werdegang in der Partei. Doch es ist ein Irrtum zu glauben, die Abhängigkeit bestünde gegenseitig. Hannsjörg bestimmt sein Leben alleine.[268]

Genauso wie die ewige Lust am Leben im Roman immer wieder zum Vorschein kommt, gibt es auf der anderen Seite auch die verzweifelte Furcht vor Einsamkeit und Isolation. Am stärksten zu erkennen sind diese Gefühle an der Beziehung zwischen Käthe und ihrem Liebhaber. Als Oskar Käthe kennen lernt, überträgt er einen großen Anteil der Abhängigkeit und Bestätigung von außen auf sie. Diese Frau soll ihm mit ihrer Liebe Halt geben, dabei erdrückt er sie. Immer wieder drängt er sie, bei ihm zu sein und ihn zu bewundern, wobei sie sich schrittweise von ihm entfernt. Am Anfang der Beziehung ist auch sie völlig begeistert von der Ausstrahlung Oskars,

---

265 Siehe Anhang F.
266 Feuchtwanger (1993), S. 33.
267 Ebd., S. 28.
268 Ebd., S. 303 f.

doch nach und nach erkennt sie die Selbstverliebtheit und Selbstgerechtigkeit hinter der Fassade.[269] Oskar seinerseits ist direkt vom ersten Tag an in Käthe verliebt. Er versucht mit Erfolg, sie in seinen Bann zu ziehen. Die baldig einsetzende Entfernung von Käthe bemerkt er viel zu spät. In diesem Moment hat er Käthe bereits verloren. Hinzu kommt ihr Bruder Paul Cramer, der in dieser Liebesbeziehung der Gegenspieler Oskars ist.

> „Er unterbrach sich, suchte ihr Gesicht. Es war beinahe häßlich, so hatte es sich verzerrt in einem Lächeln bösartiger Ironie. [...] Er aber, der Hellseher, der Blinde, merkte nicht, daß er durch seine Haltung Käthes Neigung mehr erschütterte, als es alle klugen Analysen Paul Cramers hatten tun können."[270]

So ist Oskar eigentlich selbst am Verlust seiner Geliebten schuld. Die Beziehung der beiden Liebenden ist mit der Verführung der Deutschen durch die Nationalsozialisten gleichzusetzen.[271] Paul Cramer wird sein erbittertster Feind, je weiter sich Käthes Beziehung zu Oskar entwickelt. Immer wieder spricht er mit Käthe über Oskar und zeigt ihr den Menschen von einer anderen Seite. Die Verzauberung vergeht allmählich und Käthe betrachtet ihren Liebhaber mit anderen Augen. Paul Cramer trägt also Teilschuld am Ende der Beziehung. Seine Motivation ist jedoch nicht nur die politische Gesinnung Lautensacks, sondern der eigentliche Streitpunkt ist Käthe. Die Liebesbeziehung zwischen Oskar und Käthe wird zu einem Störfaktor innerhalb der Geschwisterbeziehung. Paul kämpft also eigentlich um die Liebe seiner Schwester, nicht aufgrund politischer Ideale. Eifersucht entsteht dabei auf beiden Seiten. Beide Männer werden durch ihre Gefühle für Käthe besitzergreifend. Sie jedoch kann sich nicht für einen Mann entscheiden und ist hin und her gerissen. Auf diese innere Zerrissenheit ist es später auch zurückzuführen, dass sie auswandert und beiden den Rücken kehrt.

Die politische Ausrichtung Oskars wird von seinem Bruder bestimmt. Ihn persönlich interessiert die Politik im Grunde nicht. Das Wichtigste in seinem Leben ist die Verwirklichung seiner Wünsche. Das einzige Mal, wo der Leser einen Hauch von politischem Interesse erkennen kann, ist die Stelle, als Oskar unbedingt die Bekanntschaft Adolf Hitlers machen möchte. Doch auch hier überwiegt das

---

269 Vgl. ebd., S. 95 f., 108, 177 ff. und 241 f.
270 Ebd., S. 113.
271 Schneider (1980), S. 650.

persönliche Interesse. Die Parallelen zu Klaus Manns Mitläuferfiguren sind deutlich zu sehen: die gescheiterten Beziehungen zu Frauen, die Karrieresucht und das politische Desinteresse.

Der Besuch Adolf Hitlers in München hat zu der Entscheidung, dem Bruder zu folgen, beigetragen. Oskar Lautensack fühlt sich zum Führer hingezogen, wie sich später immer wieder zeigt:

> „Eine Welle der Neigung der Verbundenheit ging von Oskar zu Adolf Hitler. Er hatte in letzter Zeit das Buch „Mein Kampf" von neuem gelesen, sein eigener Geist war ihm daraus entgegengeweht, und jetzt erlebte er, der Führer sprach genauso, wie er schrieb."[272]

Das Kleinbürgertum kann Oskar jedoch in seiner ganzen Pracht- und Glitzerwelt nicht gänzlich vertreiben. Immer wieder kommt es zum Vorschein. Ähnliche kleinbürgerliche Züge gibt es bei Hitler[273], die sich in der Abhängigkeit von der öffentlichen Meinung[274], Minderwertigkeitskomplexen wegen der kleinbürgerlichen Herkunft[275], Empfänglichkeiten für Demütigungen[276], Ehrgeiz[277] sowie in Träumen von Macht und Einfluss[278] ausdrücken.

Oskars Charakterisierung lässt auf einen Mann schließen, der das Leben genießt. Die Schuld für die Anpassung und die Mitläuferschaft trägt jedoch nicht nur Hannsjörg alleine, sondern auch Oskar, der dem Reichtum und der Macht nicht abschwören kann.

3.2.2 Sprachbetrachtung des Romans

Der Roman ist bei seinem Erscheinen zwar kaum beachtet worden, doch muss der Leser dem Werk heute mit Nachsicht begegnen, weil

---

272 Feuchtwanger (1993), S. 54. Vorwegnehmend zeigt sich hier das ganze Ausmaß der Diskussion von Paul Cramer, der meint, dass Hitler in schlechtem Deutsch schreibt und damit schlechte Ansichten hat. Die Reden Hitlers waren immer ein Triumph. Er konnte die Massen begeistern, auch mit schlechtem Deutsch. Die Überbewertung der Sprache als geschriebenes Medium zeigt sich hier deutlich. Die Ausstrahlung des Führers hat die Massen begeistert, nicht was und wie er es sagte.
273 Ebd., S. 259.
274 Ebd., S. 259.
275 Ebd., S. 259.
276 Ebd., S. 259.
277 Ebd., S. 161 ff.
278 Ebd., S. 163.

das Werk 1943 in erster Linie für ein US-amerikanisches Publikum geschrieben worden ist. In dem Werk werden zehn Jahre alte Geschehnisse geschildert, das angesprochene Publikum in den Vereinigten Staaten von Amerika konnte sich zu diesem Zeitpunkt jedoch nicht mehr an die Ereignisse in Europa von 1933 erinnern. Die Vereinfachung der beschriebenen politischen Begebenheiten im nationalsozialistischen Deutschland soll die Verständlichkeit des Romans verbessern. Die Beziehungen zwischen den einzelnen Personen werden daher unkompliziert dargestellt. In dem Roman wird, ebenfalls wie bei „Mephisto", mit der Verschlüsselung der Personen gearbeitet. Um die geschichtlichen Ereignisse einfacher zu erklären, sind viele der Figuren des Romans sehr leicht zu entschlüsseln. So sind Hitler und Hindenburg gar unverschlüsselte Handlungsträger.

Die Romanhandlung wird aus der Sicht eines auktorialen, allwissenden Erzählers geschildert. Auf den ersten Blick erscheint das Werk als Vorlage für einen Film. Es gibt drei Teile - „München, Berlin, Sophienburg" -, die nicht weiter untergliedert sind. Die einzelnen Szenen sind aneinander gereiht und werden des Öftern wieder neu aufgenommen. So wiederholen sich auch einige Szene: Die Streitszenen zwischen Oskar und Alois sowie Oskar und Hannsjörg werden mit den gleichen Argumenten geführt. Die eigentlich Spannung erzeugenden Szenen werden hierdurch monoton und langweilig - genau wie die immer wiederkehrenden Experimente, die zwar plastisch dargestellt sind, jedoch immer das gleiche Ritual erkennen lassen. In der Verfilmung des Romans hingegen könnten diese Experimente die Spannung erhöhen.

Lion Feuchtwanger arbeitet mit häufigen Perspektiven- und Zeitenwechseln.[279] Die Personen werden dadurch realistischer und der Leser kann die Beweggründe der Protagonisten besser verstehen. Der Schwachpunkt ist, dass keiner der Charaktere des Werkes eine Entwicklung durchläuft.[280] So hat jede der handelnden Personen ei-

---

279 Die Charaktere werden zum Beispiel nur durch die Reflektionen seiner Mitmenschen beschrieben, obwohl es einen allwissenden Erzähler gibt. Oft wird eine Person nicht einfach beschrieben, sondern durch die Augen seiner Mitmenschen angesehen, ebd., S. 15 f. Auf der anderen Seite sind die Gefühle und Gedanken der Personen wieder erklärt, ebd., S. 20.

280 Oskar ist am Anfang des Romans ein Mann, der davon träumt, Macht und Reichtum zu haben, siehe ebd., S. 31 f. Am Ende will er immer mehr Geld anhäufen, um sich Luxusgegenstände leisten können. Die Liebe und Freundschaft seines Bruders hat er verspielt, genauso wie seine Geliebte mit seinem Kind ausgewandert ist. Oskar merkt nicht, dass diese

ne andere politische Haltung und eine unterschiedliche Verhaltensweise der Person Oskars gegenüber. Die Bildhauerin Anna Tirschenreuth ist Oskar in der ersten Zeit eine treue Freundin und Gönnerin. Ihm schenkt sie sogar ihre wertvollste Plastik. Auch später, nachdem der Hellseher sie enttäuscht hat, wird sie zwar missmutig und traurig, aber bleibt weiterhin seine Freundin. Alma dagegen bewundert Oskar ihr Leben lang. Kritisch betrachtet sie ihn nie, nicht einmal als Alois ihr von den Taten Oskars berichtet.[281] Hannsjörg Lautensack ist und bleibt der Schatten seines Bruders. Er ist die treibende Kraft des Bruderpaares, die sie in die Partei bringt. Hannsjörg ist von den beiden Brüdern der gläubige Nationalsozialist. Alois, Oskars langjähriger Partner, ist in den erfolgreichen Jahren Oskars von ihm abhängig. Denn obwohl er nicht in Berlin bleiben möchte, schafft er es nicht, Berlin und somit Oskar den Rücken zu kehren. Erst am Ende der Karriere Oskars, kurz vor seinem Tod, wendet er sich ab. Mit Politik will Alois vorerst nichts zu tun haben, doch seine Hörigkeit gegenüber Oskar zieht ihn in die Nähe der Nationalsozialisten. Er ist der Charakter, der lieber den Kopf in den Sand steckt, um nichts sehen und hören zu müssen.

> „Oskar und Paul Cramer [als einzige Charaktere des Stückes] werden zu antagonistischen Symbolfiguren und sind durch weitläufige Reflexionen charakterisiert."[282]

Der „Versuch antifaschistischer Geschichtsschreibung"[283] gelingt Lion Feuchtwanger nur zum Teil. Die Lügenhaftigkeit der faschistischen Legendenbildung und die Lächerlichkeit ihrer Ideologie und Herrschaftspraxis fängt der Autor sehr gut ein. Doch seine Charaktere wirken oft ermüdend, da sie keine Entwicklung durchlaufen.

Im Spiel zwischen Intellekt und Macht zeigen sich die Gefahren des Mitläufertums. Immer wieder wird der Führer der Lächerlichkeit preisgegeben. Die Dummheit, das komödiantische Element und die Theatralik der Auftritte Adolf Hitlers zeigen ihn als Clown. Hitler

---

Gefühle viel wichtiger sind als alles Geld der Welt, siehe ebd., S. 245 f. und 297.
281   Siehe ebd., S. 206 ff.
282   Lion Feuchtwanger, Materialien zu Leben und Werk, Informationen und Materialien. Hrsg. von Wilhelm von Sternburg. Frankfurt am Main: Fischer 1989, S. 163.
283   Schneider (1980), S. 643.

wird zum Gegenbild von Paul Cramer. Der Schriftsteller steht in diesem Vergleich für die Intellektuellen.[284]

> „Es war in diesen Tagen, daß Paul Cramer den Artikel über den Schriftsteller Hitler schrieb, jenen Aufsatz, der so viel dazu beigetragen hat, daß Bild Hitlers zu zeichnen, wie wir Späteren es sehen. Tief überzeugt, daß sich das Wesen eines Menschen unter allen Umständen spiegle in seinem Stil, zeigt Paul Cramer an Hitlers trüben Sätzen seine trübe Seele auf. Mit klaren Strichen zeichnete er diesen armen Affen Napoleons, Nietzsches und Wagners, diese wildgewordene Null, die, empört über die eigene Minderwertigkeit, sich aufmacht, das eigene Nichts zu rächen an der ganzen Welt."

Doch gegen den politischen Terror des nationalsozialistischen Regimes spricht sich Cramer nicht einmal aus. Seinen Kampf bestreitet er nur auf der intellektuellen und gefühlsmäßigen Ebene. Lion Feuchtwanger setzt auf Emotionen und nicht auf die Ratio. Es entsteht eine „einseitige anthropologische Wertung des Faschismus"[285].

Auch Brecht demontiert das Bild Hitlers in Lautensacks-Roman als

> „[...] ein bedeutungsloses sprachrohr der reichswehr, einen schauspieler, der den führer spielt usw. kurz, h[itler] soll keine perönlichkeit sein. Ich, der ich allerdings gegen den persönlichkeitskult allerhand habe, lege wert darauf, dass er eine ist. Aber der amerikaner versteht überhaupt nicht, wie ein mann nichts sein könnte, wenn die USA 40 millarden zu seiner verteidigung ausgeben wollen."[286]

Oskars hellseherische Fähigkeiten entpuppen sich ziemlich schnell als Trickbetrügereien. Oskars Hellseherei und das Vertrauen Hitlers in diese Voraussagen sollen die Lächerlichkeit des Regimes zeigen. Es ist ein Sieg der Dummen über die Vernunft, die mit Komik geschildert ist. Doch Brecht hat so seine Bedenken bei dieser Art der Verleumdung:

> „[weder vom] propagandistischen noch vom historischen standpunkt aus sinnvoll. Man bekämpft hitler nicht, wenn

---

284 Feuchtwanger (1994), S. 165 f.
285 Pischel, Joseph: Lion Feuchtwanger, Versuch über Leben und Werk. Röderberg Biographien. Frankfurt am Main: Röderberg 1984, S. 172.
286 Brecht Bertolt: Arbeitsjournal, Erster Band 1938 bis 1942. Hrsg. Von Werner Hecht. Frankfurt am Main: Suhrkamp 1973, S. 311.

> man ihn als besonders unfähig, als auswuchs, perversität, humbug, speziell pathologischen fall hinstellt [...]"[287]

Des Weiteren werden viele Parteioberen parodiert, indem sie mit Adjektiven, die die Betreffenden mit Tieren gleichsetzen, beschrieben werden. Manfred Proell wird als „glatt, zur Fülle neigend, gepflegt, von rosiger Haut"[288] beschrieben. Diese Darstellung erinnert stark an ein Schwein im Frack.

Die Nationalsozialisten sieht Feuchtwanger nicht als Individuen, sondern als Kollektiv mit einer Kollektivschuld. Nicht ein einzelnes Individuum verschleppte die Juden, sondern eine Nation. Die Deutschen schmelzen zu einer Masse der „Nazis" zusammen. Für ihn gibt es nur „den Nazi", genau wie es für die Nationalsozialisten nur „den Juden" gab.

> „Sie selbst, wenn sie mit Nazi zusammen ist, geht dagegen an."[289]

Im Text lassen sich noch weitere Gedanken des Emigranten Feuchtwanger finden. Bei der Charakterisierung des nationalsozialistischen Deutschlands fallen die schlechten Eigenschaften, die dort aufgeführt werden, besonders auf. Hannsjörg sagt unter anderem:

> „Nein, meine Herren, es kommt heute nicht mehr darauf an, ob etwas ein bißchen besser oder schlechter geschrieben ist. Nehmen Sie das gefälligst zur Kenntnis. Schöne Worte, Rhythmus, Geist, das ist etwas für ruhige Zeiten, [...] Die Literatur hat ausgespielt, meine Herren, sie hat ausgelitten. Was haben Sie gegen die Dunkelheit, verehrter Herr Cramer? Warum sollen wir sie nicht hereinbrechen lassen? Es gibt viele, denen die Augen weh tun im Licht. Die weitaus meisten, neunhundertneunundneunzig unter tausend, fühlen sich behaglicher in der Dunkelheit."[290]

3.2.3 Lion Feuchtwangers Situation im Zweiten Weltkrieg

Noch im November 1932 reist Feuchtwanger in die Vereinigten Staaten von Amerika. Nach der Machtübernahme Hitlers entschloss sich der Schriftsteller nicht mehr nach Deutschland zurückzukeh-

---

287 Ebd., S. 380.
288 Feuchtwanger (1993), S. 34.
289 Ebd., S. 84. Eine weitere Erklärung für diese Schriftweise: Früher wurde die Bezeichnung „Nazi" ohne Artikel geschrieben.
290 Ebd, S. 105.

ren. Er lässt sich im südfranzösischen Sanary-sur-Mer nieder. Im September 1939 wird er zum ersten Mal von den Franzosen verhaftet und im Lager „Les Milles" interniert. Nachdem Lion Feuchtwanger das zweite Mal interniert wurde, bricht er im Oktober 1940 aus. Der US-amerikanische Vizekonsul nahm ihn und seine Frau Marta Feuchtwanger in seinem Haus auf, so entkommt er den Deutschen. Erst zwei Monate später gelingt es dem Journalisten Varian Frey, das Ehepaar über die spanische Grenze zu schmuggeln. Von Spanien aus gelangen sie in ihr endgültiges Exilland, die Vereinten Staaten von Amerika.

In Kalifornien kamen sie im Januar 1941 an. Hier lebte Lion Feuchtwanger bis zu seinem Tode 1958. In den Vereinten Staaten von Amerika beendete er zuerst „Unholdes Frankreich"[291]. Ein Erlebnisbericht über seine Internierung in Les Milles und Saint Nicolas. In der deutschen Übersetzung bekam der Bericht den Titel „Unholdes Frankreich" oder „Der Teufel in Frankreich". Nach mehreren Erzählungen über Schicksale von Juden im nationalsozialistischen Deutschland begann Feuchtwanger mit einem Theaterstück. Er nannte es „Die Zauberer"[292]. Seine Hoffnung ruhte auf einem Erfolg in Amerika, denn wie bei jedem Exilanten konnte auch er sich nicht auf seinem Erfolg in Deutschland ausruhen:

> „Wenn ein in Europa berühmt gewesener Autor im Lande eintraf, nahm man das zur Kenntnis, dann aber wollte man sehen, wie bei anderen Einwanderern, wie er sich hier durchsetzte. Auf den früheren Ruhm, von dem so mancher zu leben hoffte, gab man hier nichts."[293]

Das Stück ist ein Vorläufer des Romans „Die Brüder Lautensack". In diesem Theaterstück geht es um den Gedankenleser Kurt Eriksen, dessen Vorbild der Okkultist Erik Jan Hanussen[294] ist. Genau wie

---

291 Feuchtwanger, Lion: Unholdes Frankreich. Mexiko: 1942.
292 Sternburg, Wilehelm von: Lion Feuchtwanger, Ein deutsches Schriftstellerleben. Königstein: Athenäum 1984, S. 296; und Taureck, Margot: „Gespiegelte Zeitgeschichte. Zu Lion Feuchtwangers Romanen ‚Der falsche Nero', ‚Die Brüder Lautensack' und ‚Simone'", S. 159. In:: Lion Feuchtwanger, Materialien zu Leben und Werk, Informationen und Materialien. Hrsg. von Wilhelm von Sternburg. Frankfurt am Main: Fischer 1989, S. 151-174.
293 Köpke, Wulff: „Die Exilschriftsteller und der amerikanische Buchmarkt", S. 99. In: Deutsche Exilliteratur seit 1933. Hrsg. von J. M. Spalek und J. Streka. Band 1, Kalifornien. München: Francke 1976, S. 89-116
294 Siehe Kapitel „Das Leben des Erik Jan Hanussen".

sein Vorbild kommt Kurt Eriksen durch die Nationalsozialisten zu Ruhm und Geld. Doch vier Wochen nach deren Machtübernahme wird er von seinen Gönnern ermordet. Der Romancier erfand in seinem Werk einen Gegenspieler für den Hellseher. Der amerikanische Geschäftsmann Horace W. Brenton will Eriksen des Betruges überführen. Brenton versucht seit einem Jahr, sein Geld, das er in die deutsche Wirtschaft gesteckt hat, wiederzubekommen. Es ist eine Mischung aus Glauben, Schwindel, Okkultismus und Politik, die für Lion Feuchtwanger den Erfolg des Stückes für den US-amerikanischen Buch- und Theatermarkt ausmachten. Seinem Verleger Benjamin Huebsch von der Viking Press aus New York gefiel der Stoff des Theaterstückes, jedoch nicht die englische Übersetzung und die vorliegende Fassung. Er glaubte, dass die Amerikaner sich nicht an die nun mehr zehn Jahre zurückliegenden politischen Ereignisse, wie den Reichtagsbrand und die Hitler-Hindenburg-Beziehung, erinnern könnten. Weitere Einwände brachte Huebsch bei den dramaturgischen Mitteln Feuchtwangers vor. Seine Argumentation beruhte darauf, dass der Kampf des amerikanischen Geschäftsmannes gegenüber dem Okkultisten wenig verständlich sei. Die Motivation zur Bekämpfung des Trickbetrügers verliefe ihm zufolge ohne erkennbares Motiv. Es wäre daher eine Umarbeitung des Stückes erforderlich. Feuchtwanger akzeptierte die Einwände, doch er schrieb sein Werk nicht um. Das Stück wurde letztlich nie aufgeführt.

Lion Feuchtwanger benutzte nicht zum ersten Mal ein Theaterstück als Romanvorlage. Schon während er an dem Theaterstück schrieb, erhielt Alfred Kantorowicz einen Brief von dem Schriftsteller, in welchem Feuchtwanger erklärte, dass er an einem Roman über einen Telepathen arbeiten würde.[295] Wenige Tage später, am 21. Januar 1942[296], berichtete er Arnold Zweig:

> „Ich selber habe jetzt angefangen, einen Roman zu schreiben über einen Hellseher im Dritten Reich. Es ist nicht die glücklichste Wahl, die ich getroffen habe. Trotzdem glaube ich,

---

295 Da nicht in den Briefen mit Freunden enthalten, zitiert nach Lüttig, Gisela: „Zu diesem Band", S. 313. In: Feuchtwanger, Lion: Die Brüder Lautensack. Berlin/Weimar: Aufbau-Verlag 1994, S. 311-317.
296 Ebd., S. 314.

dass das Buch glücken und mir à la longue, auch Genugtuung bringen wird."[297]

Kurz zuvor hatte er seinem Verleger die gleiche Information zukommen lassen. Feuchtwanger informierte ihn ebenfalls über die inhaltlichen Änderungen. Anstelle des amerikanischen Geschäftsmannes sollte nun ein jüdischer Journalist den Kampf gegen den Hellseher antreten. Der Vorteil des neuen Gegenspielers, aus Sicht Lion Feuchtwangers, war, dass der Schriftsteller ganz neue Möglichkeiten für die „Kampfsituationen" bekäme. Am 14. August 1942 war der Roman ebenso abgeschlossen wie seine englische Übersetzung. Im folgenden Jahr wurde ein Vorabdruck in der Wochenzeitschrift „Collier's" herausgebracht. Im April 1943 erschien der Roman unter dem Titel „Double, Double Toil and Trouble"[298] in New York bei der Viking Press. In London bei Hamish Hamilton wurde das Buch unter einem anderen Titel, nämlich „The Brothers Lautensack", herausgebracht. Ein Jahr später wurde die deutsche Fassung unter dem Titel „Die Brüder Lautensack" in der Reihe „Deutsche Bücher" bei Hamilton veröffentlicht. Der Erfolg, von dem Feuchtwanger geträumt hatte, blieb jedoch aus. Von den Kritikern wurde das Werk kaum beachtet.

3.2.4 Das Leben des Vorbildes Erik Jan Hanussen

Viele Episoden im Roman haben Ähnlichkeit mit dem Leben von Erik Jan Hanussen. Sigrid Schneider behauptet in ihrem Aufsatz „‚Double, double, toil and trouble'. Kritisches Zu Lion Feuchtwangers Roman ‚Die Brüder Lautensack'"[299], Lion Feuchtwanger habe die Biographie von Bruno Frei „Hanussen. Ein Bericht" als Grundlage für sein Werk genommen.[300] Freis Ansichten, die er in der Biographie niederschrieb, decken sich mit den Ansichten Feuchtwangers:

> „Beide [Frei und Feuchtwanger] wollen ‚mit dem Wunder-Glauben die Retter-Ideologie bloßstellen' und dadurch ge-

---

297 Feuchtwanger, Lion - Arnold Zweig, Briefwechsel 1933-1958. Hrsg. von Harold von Hofe. Band 1. Berlin/Weimar: Aufbau-Verlag 1984, S. 249.
298 Dies ist ein Zitat aus einer Hexenszene aus „Macbeth", siehe ebd., S. 201.
299 Schneider (1980), S. 641-654.
300 Ebd., S. 643 f.

gen Hitler wirken, gleichzeitig aber auch die Anfälligkeit des
‚kleinen Mannes' für die Zauber und Wunder zeigen."[301]

So hat auch Thomas Mann, wie Wilfried Kugel äußert, Erik Jan Hanussen als Vorbild für seinen Roman „Mario und der Zauberer" genommen.[302] Heinrich Mann erwähnt den Hellseher in seinen „Szenen aus dem Nazi-Leben"[303]. Diese Erwähnungen kommen daher, weil Hanussen nicht erst seit der Machtergreifung Hitlers berühmt war.

Von den ersten Jahren Oskar Lautensacks wird in dem Roman nicht berichtet, so kann der Vergleich erst mit der Berühmtheit der realen und der fiktiven Person analysiert werden. Wann Erik Jan Hanussen mit der Hellseherei angefangen hat, ist nicht genau datiert. So erklärt Wilfried Kugel in seiner Biographie „Hanussen – Die wahre Geschichte des Hermann Steinschneider", dass er schon mit drei Jahren erste Vorahnungen gehabt haben soll.[304] Viel wahrscheinlicher ist es jedoch, dass sich der Hellseher erst mit ungefähr 20 Jahren ernsthaft mit dem Okkultismus auseinander gesetzt hat. Damals verkehrte er im Café Louvré. Die Bar war ein Treffpunkt für Artisten und Schauspieler. In diesen Jahren kam er auch bei dem Zauberkünstler Rubini unter und lernte von ihm erste Kunststückchen. Danach nahm ihn der Hochstapler Franzel auf. Diese beiden Weggefährten Hanussens sind in dem Roman zu einer Person verschmolzen: Alois, genannt Cagliostro. Er ist der Weggefährte von Oskar und kennt seine Tricks.[305] Nicht nur diese beiden Lehrer dienten als Vorbilder für die Person des Vertrauten Oskars, sondern auch sein ehemaliger Sekretär und Weggefährte Erich Juhn.

Eine Episode aus Erik Jan Hanussens Leben wird Lion Feuchtwanger auf die Idee für den Roman gebracht haben, auch wenn diese Jahre vor dem Beginn der Arbeit an dem Werk passiert ist. Es ist die unglaubliche Aufdeckung des Diebstahls in der österreichischen Staatsbank. Hier scheiden sich die Meinungen in den verschiedenen Biographien, die dieser Analyse zugrunde liegen. So ist es möglich,

---

301 Ebd., S. 644.
302 Kugel, Wilfried: Hanussen, Die wahre Geschichte des Hermann Steinschneider. Düsseldorf: Grupello-Verlag 1998, S. 170.
303 Schneider (1980), S. 643.
304 Kugel (1998), S. 20.
305 Feuchtwanger (1993), S. 15 und 74. Siehe auch Cziffra, Géza von: Hanussen, Hellseher des Teufels, Die Wahrheit über den Reichtagsbrand. München/Berlin: Herbig 1978, S. 66 ff.

dass Hanussen durch Kontakte mit den Bankräubern[306] wusste, wo das Geld versteckt war und wer es gestohlen hatte. Eine andere Möglichkeit ist, dass die Polizei gar nicht auf die Hilfe von Hanussen angewiesen war und alleine den Fall gelöst hat, wie es Kugel in seinem Werk angibt. Hanussen selbst ist in seiner Autobiographie natürlich überzeugt, dass dieser Diebstahl nur mit seiner Hilfe aufgeklärt worden war.[307] Auf jeden Fall hat diese „hellseherische" Tat die Berühmtheit Erik Jan Hanussens gefördert.

Schnell avancierte Hanussen, sowie Lautensack, zum Liebling von Berlin. Aber auch die Polizei war Hanussen schnell auf den Fersen. Immer wieder gab es Klagen gegen den Hellseher. Auf der anderen Seite strengte Hanussen auch mehrere Klagen wegen Verleumdung an. Sein Traum, genau wie der Lebenstraum von Oskar Lautensack, war, eine Schule für Okkultismus zu eröffnen.[308]

Eine weitere Episode im Leben von Hanussen ging um die ganze Welt - der Leitmeritz-Prozess:

> „Die Anklage lautet auf das ‚Verbrechen des teils vollbrachten, teils versuchten Betruges'. Laut Anklageschrift habe Hanussen in 34 Fällen die Kläger ‚durch listige Vorstellungen und Handhabungen in Irrtum geführt und ihren Schwachsinn durch abergläubische und hinterlistige Verblendung zu ihrem Schaden mißbraucht', bzw. dies in 6 Fällen versucht. Die gesamte Schadenssumme betrug 3.000 Kronen."[309]

Im Roman ist das Ende dieses Prozesses verarbeitet worden. Oskar Lautensack verklagt seinen ärgsten Feind Paul Cramer. Der Schriftsteller schreibt einen Artikel über Oskar, in dem er ihn als „Scharlatan"[310] und „Schwindler"[311] bezeichnet. Oskar verklagt ihn daraufhin wegen Verleumdung.[312] Obwohl Paul genug Zeugen vor Ge-

---

306 Wie in der Biographie von Cziffra (1978), S. 74 ff.
307 Hanussen, Erik Jan: Meine Lebenslinie. Berlin: Universitäts-Verlag 1930, S. 178 ff.
308 Kugel (1998), S. 46.
309 Kugel (1998), S. 107.
310 Feuchtwanger (1993), S. 152.
311 Ebd., S. 152.
312 Genau wie es Erik Jan Hanussen vielfach mit den verschiedensten Zeitungen machte. Sein ärgster Feind im Leben war Erich Juhn sein ehemaliger Sekretär, der viele Artikel über seinen früheren Arbeitgeber schrieb, siehe Cziffra (1978), S. 123.

richt anbringen kann, die ebenfalls Oskar Lautensack als Schwindler identifizieren, kann der Hellseher durch Demonstrationen seiner Kunst die Richter überzeugen. Die Richter scheinen auch direkt von Anfang an auf der Seite von Oskar zu sein.

> „Von Anfang an vernebelten die Richter das Grundproblem, die Frage, ob Lautensack falsche Tatsachen vorspiegele und sich unerlaubter Kunstgriffe bediene. Statt dessen halfen sie ihm nach Kräften, mit Künsten zu glänzen, die ihm kein Mensch abstritt, und der Erörterung des wahren Streitgegenstandes aus dem Weg zu gehen. Sie taten, diese Richter, ernsthaft bemüht, als suchten sie die Wahrheit, und wichen ihr doch in weitem Bogen aus."[313]

Im Werk kommt die Seite des Angeklagten nicht zur Geltung. Die „gute" Seite des Prozesses wird von der „schlechten" Seite überrannt. Der Prozess wird zu einer Farce. Genau wie im Leben von Erik Jan Hanussen, der aus dem Leitmeritz-Prozess mehr Gewinn als Schaden ziehen konnte. Hier hielten sich die positiven und negativen Zeugenaussagen die Waage. Nachdem der Prozess um sechs Wochen verschoben werden sollte, verlangte Hanussen auf der Stelle die Prüfung seiner Fähigkeit.[314] Hanussen bot vor Gericht eine Show aus seinem laufenden Programm: das Schlüsselsuch-Experiment[315], das graphologische Experiment[316], das psychographologische Experiment[317] und das Zettel-Experiment[318]. Das Ge-

---

313 Feuchtwanger (1993), S. 185.
314 Kugel (1998), S. 109. In Cziffras Biographie kommt dieser Teil der Verhandlung nicht vor.
315 Der tschechische Gymnasialprofessor Kloućek und der Rechtsanwalt Dr. Leo Töpfer versteckten einen Schlüssel. Hanussen nahm nun einen der beiden am Arm und forderte diesen auf, intensiv an den Schlüssel zu denken. Durch Muskellesen fand Hanussen den Schlüssel nach fünf Minuten, siehe ebd., S. 119.
316 Drei Personen aus dem Publikum schrieben ihren Namen und zwei weitere Worte an eine Tafel, daraufhin charakterisierte der Hellseher jede einzelne Person. Die drei Betroffenen stimmten ihm zu. Doch die Beschreibungen waren sehr allgemein gehalten, siehe ebd., S. 119.
317 Durch Teile von Briefen wollte Hanussen die Persönlichkeit der betreffenden Person beschreiben. Der erste Brief war von einem betrügerischen „Erzbischof". Der Hellseher beschrieb die Person jedoch als sympathisch und rechtschaffend, was nicht zutraf. Aus dem zweiten Brief erkannte er, dass es sich um eine Frau handelte. Außerdem konnte er durch den Inhalt des Briefes auf ihre Persönlichkeit schließen. Ob seine Aussagen je-

richt überzeugte er mit diesen Experimenten, so dass er freigelassen wurde. In der Urteilsverkündung gaben die Richter eher den Menschen die Schuld, die zu ihm gingen:

> „Hier ist es an der Zeit, zu untersuchen, was die Leute, die nicht schwachsinnig sind, von einem Hellseher erwarten dürfen, wenn sie seine Dienste kaufen. [...] Wenn aber ein Mensch, der nicht schwachsinnig ist zum Hellseher geht, um Erkenntnisse kraft einer geheimnis- und rätselvollen Seeleneigenschaft zu erlangen, kann er unmöglich mit voller Sicherheit hundertprozentige Wahrheit erwarten und darf sich nicht beklagen, wenn er eine irrige Antwort erhält. Sein Verhältnis zum Hellseher erinnert an gewisse Glücksanträge, bei denen sich auch niemand beschweren darf, wenn er eine Niete zieht. Dazu kommt aber noch als gewichtiger Umstand, daß das Gericht nicht in der Lage ist, auszusprechen, daß der Angeklagte die Gabe des Hellsehens nicht besitze."[319]

Im Roman sind die Richter überzeugt, dass Oskar hellseherische Fähigkeiten hat. Lion Feuchtwanger überzeichnet die Situation, um die Vereinnahmung des Gerichtes durch den Scharlatan zu zeigen. Das Ergebnis bleibt das Gleiche: Er wird freigesprochen. Nach diesem Prozess war Hanussen in und außerhalb von Deutschland mit einem Schlag bekannt.

Es gibt noch viele weitere Szenen aus dem Roman, die mit dem realen Leben Erik Jan Hanussens übereinstimmen. So ist nicht nur sein Tod ähnlich, sondern auch die Situation, in der Moecke auf dem Tisch im „Café des Westens" tanzen muss.[320] Genauso wie Hanussen verlieh auch Oskar Geld an die nationalsozialistischen Freunde der Partei.[321] Weitere Details, die in der Realität und im Buch über-

---

doch wahr waren, war eine zweite Frage, da die Identität der Frau nicht aufgedeckt wurde, siehe ebd., S. 119 f.

318 Auf einem Zettel standen ein Tag, eine Uhrzeit und ein Ort. Hanussen versetzte sich in Trance und erriet, welche Ereignisse zu diesem Datum passiert waren. Von den drei Ereignissen kam er nur auf zwei, siehe ebd., S. 120.

319 Cziffra (1978), S. 114 f.

320 Ebd., S. 170. Der Tanz von Moecke hat große Ähnlichkeiten mit der Zurechtweisung von Herrn Mantz durch Hans, siehe Feuchtwanger (1993), S. 237.

321 Vgl. Cziffra (1978), S. 232 sowie Kugel (1998), S. 183 und Feuchtwanger (1993), S. 243 f. und 255 f.

einstimmen, sind die rauschenden Feste[322], die Jacht[323], die Zeitungen[324] und die vielen Luxusgegenstände[325], die sich beide leisten. Dabei ziehen sie die reichen und mächtigen Nationalsozialisten an:

> „Hanussen verdiente damals mit seinen Auftritten und Beratungen enorm viel Geld, und er soll dem Spieler Helldorf gegen Schuldscheine 150.000 Mark geliehen haben. Helldorf soll seinerzeit 300.000 Mark Spielschulden gehabt haben. Hanussen wurde unter anderem in der berüchtigten SA-Kaserne Hedemannstraße 10 gesehen, als er Helldorf ein Kuvert mit Geld übergab. Auch Ohst war Spieler und lieh sich gegen Schuldscheine bei Hanussen Geld. SA-Führer Karl Ernst, Rivale Helldorfs, wurde ebenfalls von Hanussen beschenkt, unter anderem mit einem Automobil der Marke „La Salle". Schließlich habe sich auch SA-Chef Ernst Röhm bei Hanussen Geld geliehen. Röhm soll weiterhin jeden Morgen durch Hanussens Privat-Friseur bedient worden sein."[326]

Die Parteigrößen, die um Oskar Lautensack gruppiert sind, und ihm zu seinem Ruhm und Reichtum verholfen haben, sind in den Roman fast unverschlüsselt übernommen worden:

> „Graf Zinsdorff und Manfred Proell, der besondere Gönner von Hans Lautensack, sind leicht als Helldorf und Röhm zu entschlüsseln […]"[327]

Oskar Lautensack dagegen verschenkt zwar nicht so viel Geld, macht sich aber durch seine Fähigkeiten Freunde. Genau wie Erik Jan Hanussen lebt er im Luxus und macht sich später jedoch dadurch Feinde, was ihn das Leben kostet.

Nicht nur zwischen bestimmten Lebensphasen der realen Figur und der fiktionalen Figur gibt es Parallelen, sondern auch die Menschen im Umfeld der beiden sind ähnlich. Max Moecke heißt der größte Erzfeind von Erik Jan Hanussen. Im Roman ist es Paul Cramer, wobei dieser Charakter aus mehreren realen Personen zusammengesetzt ist. So sind aber Moecke und Erich Juhn, die beiden Feinde

---

322 Vgl. Kugel (1998), S. 209 f. und Feuchtwanger (1993), S. 216.
323 Vgl. Kugel (1998), S. 182 f. und Feuchtwanger (1993), S. 170.
324 Vgl. Kugel (1998), S. 137 und Feuchtwanger (1993), S. 72.
325 Vgl. Cziffra (1978), S. 208 f. und Feuchtwanger (1993), S. 170 und 208 f.
326 Kugel (1998), S. 183.
327 Sternburg (1989), S. 161 f.

Hanussens, die deutlichsten Vorbilder für den Bruder von Käthe. Paul Cramer geht besonders gegen Oskar vor, indem er ihn in Zeitungsartikeln und Essays als „Scharlatan"[328] bezeichnet. Ein Wort und Werkzeug, das auch Erich Juhn gerne benutzte.[329] Die Züge von Moecke trägt außerdem Herr Mantz, dem der gleiche Zwischenfall wie Max Moecke passiert ist. Max Moecke war ebenfalls Hellseher von Beruf. Bevor Erik Jan Hanussen nach Berlin kam, war er der beliebteste Künstler der Stadt. Doch nach und nach verlor Moecke seinen Einfluss und Reichtum - ein Umstand, der den Hellseher sehr ärgerte und ihn zum unerbittlichsten Feind Hanussens machte. Hinter Max Moecke steht Erich Juhn, der ehemalige Sekretär von Hanussen. Nach dem Prozess von Leitmeritz kündigte der Hellseher seinem Sekretär die Stellung, woraufhin Juhn Rache schwor. Die Vernichtung seines ehemaligen Chefs verfolgte er nun mit größter Sorgfalt.[330] Am Tod von Hanussen war Juhn auch nicht unbeteiligt. Im Hintergrund hatte er viele verleumdende Zeitungsartikel geschrieben. Außerdem soll er den führenden Nationalsozialisten die Information über die Herkunft Hanussens gegeben haben.[331]

So kann auch Alois, der treue Begleiter Oskars, mit Erich Juhn, als dieser noch für Oskar arbeitete, und Dzino, dem Nachfolger Juhns, verglichen werden. Eigentlich unpolitisch trottet er Oskar hinterher. Sein Aufgabenbereich ist auf die Wirkungsstätte eines Sekretärs beschränkt. Er besorgt die Informationen zur nächsten Show. Seine eigenen Talente sind in Vergessenheit geraten, doch der Freund kann sich nicht von dem Hellseher trennen. Auch später ist er in Gedanken bei dem Freund, obwohl er ihn schon lange verlassen hat und nach Wien zurückgekehrt ist. So ist Alois auf der einen Seite der Freund und in alten Zeiten auch der Gönner, wie es für Hanussen seine vielen verschiedenen Lehrer waren. Doch auf der anderen Seite nagt in Alois auch der kritische Blick des Erich Juhn:

> „Alois schaute ihn grimmig an. ‚Leck mich am Arsch mit deiner höheren Wahrheit', sagt er mürrisch."[332]

---

328 Feuchtwanger (1993), S. 132.
329 Kugel (1998), S. 127 ff.
330 Diese Informationen stammen aus dem Kapitel „Der Streit Hanussen - Juhn", In: ebd., S. 125 ff.
331 Ebd., S. 247 und Cziffra (1978), S. 178.
332 Feuchtwanger (1993), S. 177.

Er versucht außerdem, die Wahrheit über Oskar zu verbreiten, was ihm jedoch nicht gelingt. So redet er mit Alma, die Oskar ihr Leben lang kritiklos bewundert. Sie blockt die Wahrheit über Oskar ab, worauf Alois noch wütender und mürrischer wird[333] - ähnlich wie Erich Juhn, der immer mehr auf Rache sann, je mehr Ruhm sein Gegner hatte. Er ging sogar bis zur Denunziation und bis unweigerlichen Tod Hanussens.

Nach diesen Vergleichen wird ersichtlich, dass es viele Parallelen zwischen der realen Person und dem fiktiven Charakter gibt. Es ist also anzunehmen, dass Lion Feuchtwanger die Biographie Hanussens kannte und verarbeitet hat. Die wenigen wichtigen Nebenfiguren sind ebenfalls mit Personen im Leben des realen Hellsehers vergleichbar. So ist deutlich, dass das Werk Eigenschaften eines Schlüsselromans trägt. Die Frage, ob dieser Roman nur als Schlüsselroman zu lesen ist, wurde schon in dem Kapitel zu Klaus Manns Roman „Mephisto" diskutiert.

An dieser Stelle bleibt festzuhalten, dass beide Schriftsteller, die ihren jeweiligen Roman im Exil geschrieben haben, die Schlüssellochperspektive wählten. Es ist jedoch schon im vorausgehenden Kapitel deutlich geworden, dass es notwendig ist von realen Personen als Vorbilder für die Charaktere auszugehen. Lion Feuchtwanger hat Teile und Szenen des Lebens von Erik Jan Hanussen in seinen Roman eingebaut, um die Wirklichkeit so gut es geht wiederzugeben. Da der Autor zur angegebenen Zeit nicht in Deutschland war, musste er auf Medien zurückgreifen, die ihm von den Geschehnissen dort berichteten. Damit der Roman nicht zu unecht wirkte, sind die Figuren, besonders die wichtigen Parteigrößen, nicht besonders verschlüsselt. Die wahren „Monster" sollen hinter dem konstruierten Bild zu erkennen sein. Die Zustände in Deutschland sollten dargestellt werden, ebenso wie die Grausamkeit und die Menschlichkeit, die zu gleichen Teilen in den Menschen wohnen.

---

333 Ebd., S. 206 ff.

3.3 „Hundejahre" von Günter Grass

3.3.1 Der „Bürger" Walter Matern als Mitläuferfigur

Walter Matern erzählt in seinem Teil[334] des Romans „Hundejahre" von den Jahren nach dem Krieg. Es ist der Beginn der Wirtschaftswunderzeit. Nicht von Matern erfährt der Leser die wichtigen Details seiner Zeit in der Sturmabteilung (SA) des nationalsozialistischen Staates, sondern von seinen Mitschreibern[335]. Harry Liebenau erzählt den für diese Arbeit relevanten Teil. Auch er ist ein Mitläufer des Nationalsozialismus. Das Kleinbürgertum passt sich der politischen Umgebung an. So ist es nicht die Begeisterung für die Versprechungen der nationalsozialistischen Propaganda, sondern es sind die kleinen und alltäglichen Dinge, die eine Rolle spielen. Der Tischlermeister, seine Gesellen und Nachbarn treten in die Partei ein, weil Adolf Hitler für das Geschenk, den Hund Prinz, ein Bild mit Unterschrift geschickt hat.[336]

Erst nach und nach kommt der Nationalsozialismus in die Wohnstube der Kleinbürger. Der Autor stellt die Unmenschlichkeit der Kleinbürger-Idylle immer wieder dar:

> „Sie aßen Apfelkuchen, den Frau Raubal gebacken hatte, und sprachen von Stiel und Stumpf, von Strasser, Streicher, Röhm, von Stumpf und Stiel."[337]

So wird als erstes die typische Kleinbürger-Idylle beim Kaffeetisch eines Sonntagnachmittags entworfen, um diese dann mit nationalsozialistischen Ausdrücken und Namen zu zerstören. Das Grauenhafte, das Einzug in den Alltag hält, wird zuerst nur hinter vorgehaltener Hand erzählt, um später immer offener angesprochen zu werden.

> „Dieses Wörtchen bekam mehr und mehr Bedeutung: ‚Du hast wohl Sehnsucht nach Stutthof?' – ‚Wenn Du nicht die Klappe hälst, wirst Du noch nach Stutthof kommen.' Ein

---

[334] Der Roman „Hundejahre" ist in drei Teile gegliedert. Die „Frühschichten" sind von Eddi Amsel geschrieben, die „Liebesbriefe" von Harry Liebenau und die „Materniaden" erzählt Walter Matern.
[335] Besonders von Harry Liebenau, der die Zeit im Dritten Reich beschreibt. Grass (1963), S. 139-427.
[336] Ebd., S. 181.
[337] Ebd., S. 184.

dunkles Wort lebte in Mietshäusern, stieg treppauf treppab, saß in Wohnküchen bei Tisch, sollte ein Witz sein, und manche lachten auch: ‚Die machen jetzt Seife in Stutthof, man möchte sich schon nicht mehr waschen.'"[338]

So arbeitet der Vater Liebenaus auch nicht mehr als Tischler für schöne Möbel, Zeichen des Wohlstandes, sondern ist jetzt zuständig für Barackenteile und Sargbretter.[339] Doch so sehr die nationalsozialistischen Wörter in den Köpfen Einzug halten, umso blinder werden die Menschen für diese entsetzlichen Taten. Tulla ist es, die den Knochenberg beim Namen nennt und hingeht, um ihn wirklich zu sehen.[340]

Der Autor denunziert die Unmenschlichkeit des nationalsozialistischen Staates nicht durch die Beschreibung der Gewalt und Brutalität, sondern durch Banalitäten. Ganz nebenbei werden die Grausamkeiten erwähnt. Es ist eher lautloses Entsetzen, welches Grass in seine Szenen einflechtet. Der Autor konstruiert ein völlig anderes Bild des Dritten Reiches als die beiden vorangegangenen Schriftsteller.

Walter Matern erzählt in seinem Teil der „Festschrift" über die Verbrechen seiner Vorgesetzten und Mitkameraden im Zweiten Weltkrieg, von seiner eigenen faschistischen Vergangenheit spricht er nicht. Harry Liebenau verschweigt dem Leser jedoch nicht, warum Matern in die SA eingetreten ist und später aus dieser wieder austreten musste.[341] In der Zeit des Nationalsozialismus tritt Matern der Partei eigentlich nur bei, weil sein Freund Eddi Amsel SA-Uniformen für seine Vogelscheuchen haben will:

> „[...] aus Freundschaft [...], halb aus Jux und halb aus Neugier, besonders aber, damit Amsel zu jenen extrem braunen Uniformstücken kam, nach denen er und die Gerüste zukünftiger Scheuchen verlangten."[342]

Ein Lausbubenstreich auf die Ereignisse der Erwachsenenwelt. Danach schreibt Günter Grass immer weniger über die Beweggründe Materns. So ist in erster Linie Eddi Schuld, dass sein Freund der SA

---

338   Ebd., S. 324.
339   Ebd., S. 378 f. und 389 f.
340   Ebd., S. 361 ff und 370.
341   Ebd., S. 225 und 283.
342   Ebd., S. 225.

beitritt und später den Überfall auf ihn ausführt.³⁴³ Amsel möchte mit seinen Vogelscheuchen den Mitmenschen einen Spiegel vorhalten.³⁴⁴ Sie sollen die Ebenbildlichkeit zwischen ihrer Umwelt und den Scheuchen erkennen. Walter Matern und seine Kumpanen wollen die Wahrheit lieber verdrängen, indem sie den Verursacher fast totschlagen. Amsel opfert Walter Matern für die Kunst³⁴⁵ - ein Umstand, der ihn direkt in die Arme der Partei treibt. Die Abhängigkeit der Familie Matern von der Familie Amsel reicht länger zurück als die Freundschaft zwischen Eddi und Walter.³⁴⁶ Mit der Herrschaft der Nationalsozialisten wird dieser Umstand aufgehoben. Endlich ist Matern ein freier Mann.

Ein Gelddiebstahl ist sein Verhängnis und er muss die Sturmabteilung verlassen.³⁴⁷ Matern hat sich also nicht freiwillig nach einem politischen Erkenntnisprozess vom Faschismus getrennt. Sein Antifaschismus nach dem Krieg ist daher verlogen und gleicht eher einer privaten Abrechnung. Der Antifaschismus von Walter Matern wird mit faschistischen Gewalttaten verknüpft. Es bleibt das alte Schema. Die persönliche Enttäuschung ist hier größer als die Erkenntnis der Schuld. In dem Rachefeldzug projiziert er seine Eigenschaften auf seine Verfolgten. Zudem ist er noch feige, da Matern sich niemals direkt an die Opfer traut, sondern die Frauen der Feinde verführt und später mit dem Tripper infiziert.

Matern wird als wilder Kleinbürger dargestellt. So ist er vor dem Machtwechsel Kommunist, tritt dann in die Partei, die NSDAP, ein und wird Unterscharführer bei der SA. Im Nachkriegsdeutschland wendet sich Matern vom Faschismus wieder ab und dem Kommunismus zu. Walter ist immer auf der Suche nach dem ideologischen Halt - mal ist er ein Kommunist und in der nächsten Minute ein Faschist. Seine politische Richtung wechselt häufig.³⁴⁸ Hier zeigt sich seine Unentschlossenheit. Ein weiterer Beweis dafür, zeigt sich bei der ersten Schlägerei mit Eddi Amsel.³⁴⁹ Erst ist er gegen ihn, später

---

343 Ebd., S. 256 und 261 f.
344 Ebd., S. 251 f.
345 Ebd., S. 225.
346 Ebd., S. 31.
347 Ebd., S. 283.
348 Ebd., S. 225. Schnell lässt er sich von seinem Freund überreden in die Partei einzutreten.
349 Ebd., S. 42.

wendet er sich ihm zu, um sich während der nationalsozialistischen Herrschaft schließlich wieder gegen ihn zu wenden.

> „In dem Roman Hundejahre ist mir, so glaube ich, in der Figur des Walter Matern ein deutsch-idealistischer Ideenträger gelungen, der innerhalb kürzester Zeit [...] im Kommunismus, im Katholizismus, schließlich im ideologischen Antifaschismus jeweils die Heilslehre sieht. Am Ende betreibt er mit faschistischen Methoden auf seine Art Antifaschismus."[350]

So setzt sich Walter Matern nicht mit seiner Vergangenheit als Mitläufer auseinander, sondern verdrängt seine Schuld und flüchtet in ein neues Weltbild. Doch nicht nur er vergisst, sondern auch bei den Hörern der Radiodiskussion ist die „Erkenntnis [der] moralischen Mitverantwortlichkeit an den faschistischen Kriegsverbrechen"[351] nicht verinnerlicht worden. Die Jugendlichen, die an der Funkdiskussion teilnehmen,[352] sehen das Dritte Reich verklärt und klischeehaft. Die Vergangenheit wird nicht aufgearbeitet. Hitler wird zum „Erbauer der Reichsautobahn"[353] glorifiziert, Matern dagegen in eine andere Ecke gedrängt und zu einem „schrecklichen Ungeheuer" abgestempelt, das selbst einen „Hund mit seiner Vergangenheit"[354] hat. Im Anschluss an die Diskussion scheitert die Flucht und die Vergangenheit steht Matern in Form von seinem Freund Amsel gegenüber.

Dem Autor ist es wichtig, an der Figur Walter Materns zu zeigen, wie ein Kleinbürger im Dritten Reich zu einem Mitläufer wurde. Die Vergangenheit der Opportunisten wird im Nachkriegsdeutschland verdrängt und tabuisiert. Das zentrale Motiv ist die moralische Mitschuld und Mitverantwortung an den faschistischen Verbrechen. Mit dieser Figur und ihren Erlebnissen schreibt sich Günter Grass, der im Dritten Reich Jugendlicher war, frei von seiner Vergangen-

---

350 Zitiert nach Honsza, Norbert: Ausbrüche aus der klaustrophobischen Welt, Zum Schaffen von Günter Grass. 2. Auflage. Wroclaw: Wydawn. Uniw. Wroclawskiego 1992, S. 24.
351 Schröder, Susanne: Erzählerfiguren und Erzählperspektive in Günter Grass` „Danziger Trilogie". Europäische Hochschulschriften, Reihe I, Deutsche Sprache und Literatur, Band 784. Frankfurt am Main: Lang 1986, S. 106.
352 Grass (1963), S. 571-613.
353 Ebd., S. 589.
354 Ebd., S. 590 f.

heit.³⁵⁵ Die beiden anderen Autoren der „Festschrift" zum zehnjährigen Bestehen von Brauxels Firma sind dabei Nebenfiguren.

Walter Matern ist Schauspieler und erkennt, dass viele Schauspieler viele verschiedene Masken haben, hinter denen sie ihr wahres Gesicht verstecken können. Er erkennt in dieser Tarnung außerdem die Flucht vor der Welt. Seiner Überzeugung nach ist hinter seinen Masken kein eigenes Gesicht. Er ist nur der Träger seiner Kostüme und wird darauf reduziert:

---

355   Schon 1936 trat der Vater Wilhelm Grass in die NSDAP ein, um keine Kunden zu verlieren. 1945 floh der Vater mit seiner Frau, Tochter und Eltern vor den Russen aus Danzig-Langfuhr. Als Hitler die Macht in der „Freien Stadt" Danzig übernahm, ging der Schriftsteller zu der Hitlerjugend. Gleichzeitig war er beim Jungvolk, was ihm besonders Spaß machte, da es viele Abenteuer zu bestehen gab. In Interviews gibt Grass heute an, dass er von den damaligen Vorgängen keine Ahnung gehabt hätte. Erst im Laufe der Zeit wäre von dem Konzentrationslager Stutthof gesprochen worden, in welches der Oberstudienrat Oswald von seiner Schule gebracht worden war. Günter Grass ging in seiner Jugendzeit gerne ins Kino und nach mehreren Mahnungen, weil er statt in die Schule zu gehen ins Kino seines Onkel gegangen war, wurde ihm der Film „Wir machen Musik" mit Ilse Werner zum Verhängnis. Er flog von der Schule und musste sich freiwillig zum Arbeitsdienst melden. Doch statt Holz zu hacken, wurde Grass abkommandiert, Aquarelle von der kaschubischen Landschaft für die Kantine zu malen. 1944, mit sechzehn Jahren, wurde Grass zum Flakhelfer ausgebildet. Danach ging er zur deutschen Wehrmacht, wo man ihn bei der Panzerkompanie unter brachte. Kurz hinter Dresden wurde er in einem Ausbildungslager zum Panzergrenadier geschult. Wenige Wochen nach seiner Ankunft in Dresden trat der Ernstfall ein. Da es keine funktionstüchtigen Panzer mehr gab, musste Grass ohne Waffen in den Einsatz, aus dem er nur knapp lebend herauskam. In einem Wald, nach einem Angriff der Russen, verlor er seine Truppe und schlug sich mit einem Obergefreiten zum nächsten deutschen Unterschlupf durch. Doch hier wurden sie als Deserteure behandelt. In der Nacht flüchteten jedoch die deutschen Soldaten und ließen ihre Gefangenen zurück. So flohen die beiden, im Nacken immer noch die Feinde. Durch einen Splitter einer russischen Granate wurde Grass in die Schulter getroffen. Die „Stunde Null" erlebte der Schriftsteller in einem Militärlazarett in Marienbad. Danach verlegte man ihn in ein Kriegsgefangenenlager der Amerikaner. Erst war er in Bad Aiblingen und wurde später nach Münster, in die britische Zone, verlegt. Für die Bergwerke brauchten die Engländer noch junge Männer, doch Grass verwies auf seine Kriegsverletzung und wurde ausgemustert. Bald darauf wurde er entlassen. Siehe Jürgs, Michael: Bürger Grass, Biografie eines Deutschen Dichters. München: Bertelsmann 2002, S. 32, 41 f., 46 ff., 50 ff., 56, 60.

„Ecce Homo! Schaut mich an: glatzköpfig auch innen. Ein leerer Schrank voller Uniformen jeder Gesinnung. Ich war rot, trug Braun, ging in Schwarz, verfärbte mich: rot. Spuckt mich an: Allwetterkleidung, verstellbare Hosenträger [...] oben kahl, innen hohl, außen mit Stoffresten behängt, roten braunen schwarzen."[356]

Alle drei Erzähler schreiben aus ihrer Situation der Schuld heraus. Matern quält diese Schuld so sehr, dass er es nicht beim Schreiben belässt, sondern auch noch den antifaschistischen „Tripper"[357] unter den Frauen seiner mitschuldigen Kameraden hinterlässt. Matern möchte, dass die Vergangenheit nicht in Vergessenheit gerät. Doch an seine eigene Vergangenheit denkt er dabei nicht.

Neben Matern gibt es noch andere Figuren, die der Gewalt und dem Nationalsozialismus verfallen sind. So ist der weibliche Gegenpart Tulla Pokriefke nicht so blindwütig besessen, sondern mit scharfer Beobachtungsgabe und Erkenntnisfähigkeit ausgestattet. Sie wird als das „personifizierte Böse" dargestellt.[358] Ihr Gesicht ist „dreieckig und so klein, daß die Wut [darin] übermächtig wird"[359]. Auch ihr tierischer Begleiter scheint von ihrer Wut angesteckt zu sein. Er fletscht die Zähne bei jedem, der sich ihm und Tulla nähert[360] und springt später sogar seinen eigenen Herrn – Tullas Onkel – an.[361] So wird der Hund zum Symbol des Hasses. Doch über das Kriegsende hinaus kann sich das Böse nicht fortsetzten. Tulla erleidet im Schlussmärchen des zweiten Teiles eine Fehlgeburt.[362]

Die drei Nationalsozialisten, die in diesem Roman vorkommen, können ebenfalls in die Tabelle der „Täterverteilung"[363] eingeordnet werden. Harry Liebenau ließe sich in die Gruppe „funktional ausgenutzter Autoritätsgehorsam"[364], Walter Matern in die größte Gruppe der Opportunisten einordnen: die „Autoritätsgehörigen".

---

356 Grass (1963), S. 662.
357 Ebd., S. 468.
358 Siehe ebd., S. 147.
359 Ebd., S. 153.
360 Ebd., S. 169.
361 Ebd., S. 176 f.
362 Ebd., S. 385.
363 Siehe Anhang F.
364 Erklärung: Täter, die zwar gehorsam sind, aber Mitleid haben. Dieses Mitleid wird jedoch nach kurzer Zeit verdrängt und die persönlichen Interessen werden zum Bedingungsfaktor für das destruktive Verhalten.

Tulla dagegen lässt sich schwer in diese Tabelle fassen. Den Antisemitismus lebt sie jedoch auch aus.[365]

3.3.2 Die sprachlichen und stilistischen Mittel des Romans

Über den Sinngehalt des Romans konnten sich die Kritiker bis heute nicht einigen. Die Diskussion beginnt beim Schelmen- und Künstlerroman und endet mit dem Entwicklungsroman oder sogar beim Heimatroman.[366]

Der Text ist als „Festschrift" zum zehnjährigen Bestehen von Brauxels Firma angelegt. Neben dem Firmenbesitzer Brauxel schreiben noch zwei weitere Erzähler, nämlich Harry Liebenau und Walter Matern, die Ereignisse auf. Der Blick ist auf das Kleinbürgertum gerichtet. In dem Werk gibt es vier Figuren, die für die Handlung relevant sind: Jenny, Tulla, Amsel und Matern. Piirainen erklärt, warum Günter Grass gerade diese vier Protagonisten für die Durchführung der Handlung wichtig sind:

> „[...] weil diese Gestalten in einer rekurrenten Weise in dem Text vorgeführt werden, muss es als Axiom gelten, dass sie vom Autor absichtlich für die Textbildung ausgewählt und gebraucht wurden." [367]

Im ersten Buch „Frühschichten" beschreibt der Erzähler Brauxel, auch Brauchsel oder Brauksel genannt,[368] in scheinbar chronologischer Reihenfolge die Jugend von Eddi Amsel und Walter Matern. Er erzählt diese Geschichten in der dritten Person Singular. Der Erzähler wird zum Außenseiter, der nüchtern die Einzelheiten erklärt. Im zweiten Buch schreibt Harry Liebenau Liebesbriefe an seine Cousine Tulla. Diese Briefe werden vorwiegend von einem Ich-Erzähler formatiert. Dem Leser wird vermittelt, dass Liebenau diese

---

365 Grass (1963), S. 198.
366 Siehe Sodeikat, Ernst: Schreib Günter Grass eine Danziger-Saga?, Ergebnisse einer Analyse der Bücher „Die Blechtrommel" und „Hundejahre". Hannover: 1969, S. 8-11 oder Silbermann, Marc: „Schreiben als öffentliche Angelegenheit. Lesestrategien des Romans ‚Hundejahre'", S. 81. In. Zu Günter Grass, Geschichte auf dem poetischen Prüfstand. Hrsg. von Manfred Durzak. Stuttgart: Klett 1985, S. 80-95.
367 Piirainen, Ilpo Tapani: Textbezogene Untersuchungen über „Katz und Maus" und „Hundejahre" von Günther Grass. Europäische Hochschulschriften. Bern: Lang 1968, S. 47.
368 Brauxel ist außerdem noch Eddi Amsel, was der Leser aber erst nach und nach erfährt.

Ereignisse selbst miterlebt hat. Jedoch fällt Harry Liebenau an manchen Stellen aus der Ich-Erzählerrolle raus und Tulla übernimmt die Rolle des Briefeschreibers. Ein ganz offensichtlicher Bruch entsteht, als Harry sein „Märchen" erzählt.[369] Der Unterschied zwischen auktorialem Erzähler und Figurenerzähler tritt deutlich hervor. Es entsteht ein Wechsel vom Ich- zum Er- Erzähler. Im dritten Buch „Materniaden" berichtet Walter Matern über die Geschehnisse, ebenfalls wie Brauxel, als allwissender auktorialer Erzähler. Er schildert darin sein eigenes Schicksal nach dem Zweiten Weltkrieg. Der Kontext wird an einer einzigen Stelle aufgebrochen. In der öffentlichen Diskussion, an der sich Matern beteiligt, wird der auktoriale Erzähler zum Ich-Erzähler. Die Geschichte steht somit völlig isoliert im Gesamtkontext. Die Einheit der anderen Teile wird durchbrochen und das kontextgebundene Material fällt auseinander.

Alle drei Teile des Romans sind aus verschieden gestalteten Perspektiven erzählt. Dies ist eine Möglichkeit, die Vergangenheit aus drei Perspektiven darzustellen. So schreibt Amsel/Brauxel aus der Sicht des Opfers. Der Tischler Liebenau ist ein Zeuge der Ereignisse und setzt nie die persönlichen Erlebnisse in den großen politischen Zusammenhang. Auch hier kommt die kleinbürgerliche Sichtweise durch. Walter Matern übernimmt schließlich die Rolle des Täters. Marcel Reich-Ranicki ist da jedoch anderer Meinung:

> „Stil, Blickwinkel und Betrachtungsweise der drei Chronisten unterscheiden sich voneinander überhaupt nicht oder bloß unerheblich, die Erzählstaffette ergibt nichts."[370]

Doch in diesem Punkt ist die Meinung von Susanne Schröder schlüssiger:

> „Hierzu möchte ich anmerken, daß selbstverständlich nur aus der Perspektive des Autors Grass erzählt werden kann, und deshalb sind ‚Wortwahl, Satzbau, Erzählstil' der fiktiven Erzähler ‚sehr ähnlich'."[371]

---

369 Grass (1963), S. 357- 427.
370 Reich-Ranicki, Marcel: „Günther Grass: ‚Hundejahre'", S. 23. In: Grass, Kritik – Thesen – Analysen. Hrsg. von Jurgensen. Bern/München: Francke 1973, S. 21-30.
371 Schröder (1986), S. 91.

Eine nachträgliche Veränderung[372] des Textes kann ebenfalls für die Unterteilung in mehrere Erzähler ausschlaggebend gewesen sein - eine Überlegung, die durchaus gerechtfertigt ist. Doch scheint eine Kombination aller Meinungen der eigentliche sinnvolle Konsens zu sein. Günter Grass hat zuerst den Roman wie auch die Episode „Katz und Maus" geschrieben.[373] Danach kam ihm der Gedanke, dass er aus „Katz und Maus" ein eigenständiges Buch machen könnte. Das Konzept des Romans „Hundejahre" musste umgeschrieben werden. Es kam zu einer Teilung des Erzählers in mehrere Erzähler. Jedem Erzählteil musste nun eine neue charakterliche Perspektive hinzugefügt werden. Die oben genannten Charaktere entstanden, doch die zuvor festgelegten sprachlichen Eigenschaften ließen sich schwer aufbrechen, weshalb Wortwahl, Stil und Satzbau ähnlich erscheinen.

Der auktoriale Erzähler des ersten und dritten Teils macht die Geschichten unpersönlich. Der Erzähler ist nicht im Mittelpunkt des Geschehens, was unter anderem daran liegen kann, dass keine konkrete Person angesprochen wird. Die aufgeschriebenen Ereignisse erscheinen dadurch statisch. Im zweiten Teil fällt die Anrede an Tulla nach wenigen Seiten weg, sie wird durch die Anfangsformel eines Märchens oder Gespräches ersetzt.[374] Das persönliche Flair der Liebesbriefe wird zerstört. Diese verschiedenen Anrede- und Erzählsituationen verwirren den Leser und der Text wird demontiert.

Der Monolog des Schriftstellers im zweiten Teil des Werkes lässt den Text als gesprochene Sprache erscheinen. Die geschriebene Sprache erscheint somit formlos und unüberlegt.

> „Du und Ich, wir hätten gegen ihn zeugen können. Es war eine Nacht vom Sonnabend auf den Sonntag: wir sitzen im Holzschuppen, in Deinem Versteck. Wie richtest Du es ein, dass beim ständigen Kommen und Gehen der Bohlen, Vier-

---

372 Diese Veränderung kann durch das Herausnehmen der Episode, woraus dann „Katz und Maus" entstanden ist, notwendig geworden sein.

373 Es ist klar, dass Günter Grass schon sehr früh mit dem Konzept der „Hundejahre" angefangen hat. Bevor der Roman „Katz und Maus" veröffentlicht wurde, hat Günter Grass Teile aus den „Hundejahren" bei einem Treffen der Gruppe 47 vorgelesen. Auch wollte der Autor zuerst „Katz und Maus" als Episode in die „Hundejahre" integrieren. Er entschied sich dagegen und veröffentlichte das Buch zwei Jahre vor den „Hundejahren". Siehe Honsza (1992), S. 24.

374 Vergleiche Grass (1963), S. 139 und 142.

kanthölzer und Sperrholzplatten dein Nest ausgespart bleibt?"[375]

Die Sätze sind miteinander verknüpft, was den gesprochenen Spracheindruck verstärkt. Die direkte Frage an einen Menschen außerhalb des Briefes macht den Text lebendig. Die Alltagssprache verstärkt diesen Ausdruck. Jedoch sind die Gedankengänge manchmal so zerstückelt, dass der Leser die Handlung nicht mehr nachvollziehen kann. Die langen Satzverbindungen erschweren diesen Vorgang. Die Konzeption des Textes erweist sich daher manchmal als kompliziert.

Die Chronologie des Romans ist nur scheinbar, denn der Zeitstrahl ist oft gestört. Schon in den „Frühschichten" wird immer wieder vom Handlungsstrang abgelenkt und Geschehnisse aus einer anderen Zeit erzählt. In der „20. Frühschicht" erzählt Brauxel über Eddis Verwandlung in einen Schneemann, was jedoch in die Zeit der „Liebesbriefe" fällt. Es entstehen durch diese Retrospektive Verschachtelungen, die zu einer Undurchsichtigkeit des Textes führen. Die Verständlichkeit des Textes leidet darunter, das heißt der Inhalt kann durch die Verschachtelungen nicht richtig aufgenommen werden.

Ein weiteres Merkmal der Zusammenhangslosigkeit der drei Teile ist, dass die einzelnen Kapitel oft unterbrochen werden und sich in noch mehr Teile auflösen. In der „21. Frühschicht" erzählt Brauxel zuerst von seinen eigenen Graphiken, um dann ohne einen Zusammenhang auf die ersten mechanischen Vogelscheuchen von Amsel überzugehen. Die einzelnen Kapitel der drei Teile des Buches hängen also auch nicht zusammen. Der Text zerfällt in seine Einzelteile. Die Geschichte hat keine Rahmenhandlung.

Bei der Untersuchung des Textes zeigt sich außerdem, dass Günter Grass oft Häufungen von Wörtern im Bezug auf Komposita benutzt:

„[...], glänzte sein Haar schwarz, regenschirmschwarz, schultafelschwarz, falangeschwarz, amselschwarz, othelloschwarz, ruhrschwarz, veilchenschwarz, tomatenschwarz, zitronenschwarz, mehlschwarz, schneeschwarz."[376]

Neben diesen Wortwiederholungen, benutzt der Autor ein weiteres auffälliges Wortspiel, um die Kontextverhältnisse der Sätze aufzu-

---

375 Ebd., S. 294.
376 Ebd., S. 148.

zeigen. Er benutzt Formeln mit ein und demselben Wortlaut am Anfang der Sätze:

„Schichtwechsel bei Brauxel & Co.: [...]"[377]

Weitere Charakteristika des Romans sind vor allem neue Wortschöpfungen[378] oder mundartliche Ausdrucksweisen[379]. Der Dialekt, den Günter Grass hier verwendet, ist keineswegs aus Danzig, woher die Protagonisten stammen. In Danzig wird das Wort „ich" auch heute noch als „öck" oder „eck" ausgesprochen.[380] Neben dem Danziger Dialekt wird auch der Düsseldorfer Dialekt benutzt.[381] Eine weitere Verfremdung der heimischen Mundart ist zum Beispiel die Du-Form in der niederdeutschen Aussprache. Die zweite Person Singular wird im Dativ wie im Akkusativ als „di" ausgesprochen. Nun kann angenommen werden, dass der Autor die Mundart falsch transkribiert hat.[382] Jedoch ist wahrscheinlicher, dass Günter Grass genau wusste, dass er hier die „falsche" Mundart gebrauchte und die Charaktere keine reine Mundart sprechen. Das Hochdeutsche fließt in den Dialekt mit ein.

Im Vergleich zu den beiden anderen Büchern der Danzig-Saga zeigt sich in diesem Roman, neben der moralischen Verantwortung für die Vergangenheit, auch mehr Raum für die historischen, politischen und wirtschaftlichen Gegebenheiten der Zeit des Faschismus. Der Roman bleibt jedoch aus kleinbürgerlicher Sichtweise geschrieben:

> „Grass stellt die Ideologie des Kleinbürgertums glänzend dar, ohne den Versuch zu unternehmen, die Kausalitäten, die für die Produktion dieser Ideologie und für deren politische Verwertung von entscheidender Bedeutung sind, in die Darstellung miteinzubeziehen."[383]

---

377 Ebd., S. 95.
378 Siehe „Ein Indreigottesnamen", Grass (1963), S. 582 oder „Einmanndersichkolumbusnannte", ebd., S. 154.
379 Wie zum Beispiel „Dä Fierer, wänna Auto fährt, dänn setztä emmer nebm Schofför on nech henten wien Bochert", ebd., S. 197.
380 Piirainen (1968), S. 58.
381 Grass (1963), S. 515.
382 Piirainen (1968), S. 58.
383 Richter, Frank-Raymund: Günter Grass, Die Vergangenheitsbewältigung in der Danzig-Trilogie. Bonn: Bouvier 1979, S. 70.

Der Roman arbeitet des Weiteren mit einer Zahlensymbolik und dem Tempus der geschriebenen Zeit. So steht zum Beispiel die Zahl 32 bei Eddi Amsel für Leiden. In seinem Bergwerk hat er 32 Kammern, was der Zahl seiner von Matern ausgeschlagenen Zähne entspricht. So bekommt der Satz „Zahn um Zahn"[384] eine neue Bedeutung. Auch die Zahl 13, schon immer eine Zahl mit mystischer Geschichte, hat in den „Liebesbriefen" mehrere Bedeutungen:

> „Die Quersumme von Harras Hundenummer 13 wird in 13., Jennys fiktiver Geburtstag, 18.1., in 118. Abschnitt genannt, die ‚Auferstehung' Jennys im 88., in dem Jenny jeweils acht Figuren tanzt, wobei eine traditionelle Beziehung zwischen der ‚acht' und der ‚resurrectio a mortuis' besteht."[385]

Dass Günter Grass eindeutig mit der Zahlensymbolik gespielt hat, zeigen auch die fotografischen Momentaufnahmen, auf denen zu sehen ist, dass der Schriftsteller an jede Zeile vierstellige Nummern geschrieben hat, die unten auf der Seite zusammengerechnet wurden.[386]

3.3.3 „Hundejahre": Ein doppeldeutiger Titel

Die Frage nach einem Leitmotiv sowie der Bedeutung des Titels kann in einem Punkt zusammengefasst werden. Piirainen erkennt ein Leitmotiv des Textes:

> „...; zum Leitgedanken wird der Führer und sein Regime. Wenn auch über das Leben der drei Personen in Langfuhr gesprochen wird, das Thema Hitler taucht immer wieder auf."[387]

Hitler, als Leitmotiv zu nehmen, ist zu einfach. So scheint doch die Herr- und Diener-Freundschaft in den verschiedenen Konstellationen der Figuren ein weiteres Leitmotiv der „Hundejahre" zu sein. Walter Matern ist im ersten Buch abhängig von Eddi Amsel. Im

---

384 Matthäus, Kapitel 5, Vers 38 ff.
385 Harscheidt, Michael: Günter Grass, Wort – Zahl - Gott, Der ‚phantastische Realismus' in den Hundejahren. Abhandlungen zur Kunst-, Musik- und Literaturwissenschaft, Band 210. Bonn: Bouvier 1976, S. 579. Weitere Untersuchungen zu der Zahlensymbolik, die leider hier nicht mehr diskutiert werden kann, sind in diesem umfangreichen Werk zusammengefasst.
386 Ebd., S. 238 f.
387 Siehe Piirrainen (1968), S. 53.

zweiten Teil ist Harry Liebenau abhängig von Tulla und Harras ist ebenfalls eine ganze Zeit abhängig von Tulla, genauso wie Jenny gegenüber Tullas Anerkennungen hörig ist. In Walters Geschichte ist er selbst von Prinz abhängig. Alle, bis auf Tulla und Eddi, sind autoritätshörig.[388] Später fällt Matern wieder in das Freundschaftsschema des ersten Buches zurück, wobei zu beobachten ist, dass die Freundschaft im ersten Buch und damit das Motiv der Abhängigkeit nur dort besonders stark sind. Danach verwischt dieses Motiv.

Für viele Kritiker[389] ist der Hund ein weiterer Diskussionsgegenstand. Der Titel „Hundejahre" zeigt das zentrale Symbol des Romans: den Hund. Aber es ist nicht ein einziger Hund gemeint, sondern mehrere Tiere. Sie stammen dennoch alle von nur einer Mutter ab.[390] Es ist also klar, dass die Leitfigur in diesem Roman fehlt. Dieser Leitgedanke ist auf verschiedene Hunde verteilt. In allen drei Teilen spielt ein Hund mit, von der Mutter Senta über den Sohn Harras zum Enkel Prinz/Pluto.[391] In jedem Teil ist das Tier ein treuer Begleiter seines Herrchens.

„Halte dich an den Hund, dann stehst du zentral."[392]

An der Geschichte des Hundes zeigt sich die menschliche Geschichte. So steht am Anfang des Geschlechtes der Hunde eine litauische Wölfin, deren Nachkommen durch Entartung zu einer neuen Rasse werden. Genau wie die Menschen in Deutschland in den dreißiger Jahren. Die Deutschen wurden ebenfalls „entartet" und zu Mitläufern gemacht. Der Hund Prinz wird später sogar, als die Danziger ihn dem Führer schenken, zum Repräsentanten der Nationalsozialisten.[393] In der kleinbürgerlichen Welt von Harry Liebenau wird der Hund zum Bindeglied zwischen Politik und Kleinbürgertum.

---

388 Bezug zu der Theorie: Anhang F.
389 Wie zum Beispiel für Rothenberg, Jürgen: Günter Grass, Das Chaos in der verbesserten Ausführung, Zeitgeschichte als Thema und Aufgabe des Prosawerkes. Heidelberg: Winter 197, S. 71 ff.; oder Neuhaus (1992), S. 93-96.
390 Alle Hunde gehen auf Santa zurück, vgl. Grass (1963), S. 434.
391 Ebd., S. 182 f.
392 Ebd., S. 431.
393 Siehe hierzu die Passage als Liebenau den Führer besucht und der Hund als der Stellvertreter von Hitler geschickt wird. Außerdem wird ein Jungvolkfähnlein nach ihm benannt und ganze Schulklassen besuchen ihn, ebd., 305.

Interessant ist, dass in jedem Teil des Werkes ein Hund namens Pluto auftaucht. Der Rüde, der Santa deckt, heißt Pluto, genauso wie Eddi Amsel den Vierbeiner Harras so nennt, weil dieser immer ein „Höllenhund gewesen"[394] sei. Der treue Begleiter Materns hört ebenfalls auf den Namen Pluto. Die Hundenamen verbinden die drei Teile des Romans. Hinzu kommt, dass alle drei Hunde die Unterweltfarbe „schwarz" haben.[395] Nicht nur für Matern steht fest, dass der Hund ein Höllenhund ist,[396] sondern auch für seinen Freund Eddi Amsel.[397] So ist der Hund ebenfalls ein Symbol für den ewigen Hass und Faschismus.

Die Hunde haben menschliche sowie tierische Merkmale. Sie zeigen dem Leser die gerade herrschende politische Ausrichtung. So setzt Harras in der nationalsozialistischen Zeit überall in Danzig-Langfuhr seine Duftmarke und benimmt sich so wie ein ganz normaler Hund. Doch gleichzeitig kann diese Duftmarke mit der Verbreitung des Nationalsozialismus verglichen werden, der sich unweigerlich in den Straßen der Stadt ausbreitet.[398] Der Hund ist das Symbol für die politische Vergangenheit und Gegenwart. So kann der Hund, sprich die Vergangenheit, auch niemals getötet werden, denn obwohl Harras vergiftet wird, kommt ein neuer Hund seines Stammes an seinen Platz. Der kleinbürgerliche Vordergrund wird somit mit der gesamtdeutschen Vergangenheit verknüpft.

Auf eine andere Sichtweise kann auch der Titel des Romans hinweisen. Die Jahre unter dem Hitler-Regime in Deutschland waren sozusagen Hundejahre. Jeder war sich in dieser Zeit selbst der Nächste. Die Menschen in Deutschland mussten unter dem Terror der Nationalsozialisten leiden und jeder Tag war ein neues Wagnis, besonders für die Gegner Hitlers. Die Schaffung von Konzentrationslager und die unwesentlichen Verfolgungen in ganz Deutschland ließ viele Deutschen erzittern. Auch die Jahre im Krieg, als es zu wenig zu essen gab, könnte Grass mit seiner Formulierung „Hundejahre"

---

394 Ebd., S. 200.
395 Die Farbe schwarz wird in der christlichen Religion mit dunkel, rußig und böse in Verbindung gebracht - alles Eigenschaften der Hölle. Bei der Hochzeit trägt die Braut weiß wie die Unschuld. Schwarz ist das Gegenteil von Weiß in allen Dingen. Neuhaus (1992), S. 95.
396 Ebd., S. 437.
397 Siehe ebd., S. 659 ff.
398 Ebd., S. 149.

gemeint haben. In manchen Gebieten, wahrscheinlich auch in Danzig, war der Winter sehr kalt und unerbittlich. Die Russen kamen in den letzten Kriegsjahren immer näher und die Angst vor Überfällen war ein täglicher Begleiter.

So waren die Jahre des Dritten Reiches im wahren Sinn des Wortes Hundejahre, weil überall der Terror herrschte. Hass und Grausamkeit nahmen von Jahr zu Jahr immer mehr zu, die Front rückte näher und die Jahre wurden auch für die Bevölkerung immer schlechter. Im Nachkriegsdeutschland war dies nicht anders:

> „Immer noch sind Friedensjahre Hunde-Jahre, ist die Haltung des Hasses vorherrschend. Und so mag es Matern zwar gelingen, manche offenen Rechnungen zu begleichen, doch verwandeln sich die meisten seiner politischen Siege, achtet man darauf, wie sie errungen sind, in menschliche Niederlagen."[399]

So hören die Hundejahre für Matern niemals auf, aber auch Eddi hat keine glücklichen Jahre in seinem Leben, weder vor, noch während, noch nach dem Dritten Reich. Seine einzige Freundschaft ist in Wirklichkeit nur eine Abhängigkeit. Er klammert sich an etwas, das nicht existiert, wodurch er enttäuscht wird und zwar immer wieder.

3.3.4 Die Entstehungsgeschichte des Romans

Die Entstehungsgeschichte des Romans ist unweigerlich mit dem ersten Roman von Günter Grass verbunden. „Die Blechtrommel", gleichzeitig der erste Roman der Danzig-Saga, hat den Autor in die Kategorie der Bestseller-Autoren katapultiert. Nach diesem Erfolg 1959 blieben das zweite und dritte Werk der Danzig-Trilogie in dessen Schatten und wurden immer wieder mit dem Erstlingswerk verglichen - ein Umstand, der die Interpretationen zuerst sehr einseitig ausfallen ließ.[400]

Die drei Werke der Danzig-Trilogie sollen deutlich die noch nicht stattgefundene Vergangenheitsbewältigung vor Augen führen. Der Autor will die „längst unvorstellbare Enge, jene schrecklichen Zwänge, jenen gespenstischen ideologischen Mief kenntlich ma-

---

399 Rothenberg (1976), S. 89.
400 Zum Beispiel Reich-Ranicki, Marcel: Günter Grass. Zürich: Ammann 1992.

chen"[401]. Das Gesamtwerk Günter Grass', wobei die „Hundejahre" einen Höhepunkt bilden, wird meist in drei Phasen unterteilt. Zu der ersten Phase werden die Werke gerechnet, die sich mit der „Kriegs- und Nachkriegszeit und deren Verarbeitung im Werk, vornehmlich in der Danziger Trilogie"[402] befassen. Die zweite Phase überschneidet sich mit dieser und ist die „Phase relativer Offenheit und sich anbahnender Hinwendung konkret-politischer Arbeit"[403]. Danach beginnt die Schaffensphase, die sich besonders durch politisches Engagement auszeichnet. Günter Grass hat sich in dieser Phase für die SPD und Willy Brandt eingesetzt. Doch alle Produktionsphasen basieren aufeinander und gehen ineinander über.

Günter Grass hatte schon 1960 „Hundejahre" so gut wie fertig, da der Autor große Teile bei einer Tagung der „Gruppe 47"[404] in A-

---

[401] Vormweg, Heinrich: Günter Grass. Reinbek bei Hamburg: Rowohlt 2002, S. 85.

[402] Cepl-Kaufmann, Gertrude: Günter Grass, Eine Analyse des Gesamtwerkes unter dem Aspekt von Literatur und Politik. Skripten Literaturwissenschaft. Kronberg/Taunus: Scriptor-Verlag 1975, S. 220.

[403] Ebd., S. 220.

[404] Die „Gruppe 47" entstand aus der Kriegsgefangenschaftszeitschrift „Der Ruf". Diese Zeitschrift verstand sich als politisch-intellektuelles Organ der neuen Generation. Das erste Mal tagte die Gruppe im September 1947 in Bannwaldsee. Die nächsten sechs Sitzungen waren die Konstitutionsperiode (nach: Kröll, Friedhelm: Gruppe 47. Sammlung Metzler. Stuttgart: Metzler 1979, S. 26). In dieser Zeit herrschten in der Gruppe freundschaftliche Bande - „ein Kreis von privaten Freunden und literarischen Bekannten." (zitiert nach: Ebd..., S. 27) Ab 1950, in dem Jahr als zum ersten Mal der Preis der „Gruppe 47" verliehen wurde begann nach Kröll die Aufstiegsphase. Am Ende dieser Phase sah sich die Gruppe als „öffentlichkeitsorientierte ‚Zirkulationsgemeinschaft'". (Ebd., S. 35) Die Liste der Preisträger zeigt die bekanntesten Literaten unserer Zeit und die Entwicklung der Gruppe mit einer bundesdeutschen literarischen Repräsentanz. Die „Gruppe 47" gelangte zum Höhepunkt ihrer Entwicklung in den Jahren zwischen 1958 und 1963 (Ebd..., S. 47). Die Literaten und ihre Treffen gelangten zu Weltruhm. Einen großen Beitrag dazu leistete Günter Grass: „Der ‚Welterfolg' der ‚Blechtrommel' strahlte zurück auf die Gruppe, die Erstentdeckung und Erstlob zu Recht für sich reklamieren konnten." (Ebd., S. 47) So repräsentierte jetzt die „Gruppe 47" nicht nur die deutschen Literaten, sondern die Weltliteratur. Die Literaturkritik wurde nicht mehr nur in Fachkreisen besprochen, die Öffentlichkeit wird mit einbezogen. Kritik beschränkt sich nicht nur auf die Gruppe, sondern wurde nun salonfähig. Der Zerfall der Gruppe schleicht sich ein. In den sechziger Jahren zerfällt die Gruppe 47 langsam

schaffenburg vortrug. 1955 las er zum ersten Mal im Kreise der „Gruppe 47", obwohl er keines der Mitglieder persönlich kannte. Nur dem Namen nach hatte Grass von dem einen oder anderen Künstler schon etwas gehört. Auf seiner ersten Lesung waren unter anderem Heinrich Böll und Erich Kästner anwesend.[405] Bis zu ihrer Auflösung verpasste er nie mehr eine Tagung.

> „In der Gruppe 47 hatte Grass eine Großfamilie gefunden, was er beim ersten Familientreffen als Neuzugang noch nicht so empfand. Das Gefühl, nach Hause zu kommen, entwickelte sich erst beim nächsten Treffen im Herbst. [...] Gruppenvater Hans Werner Richter, der literarische Patron, wurde sein Ersatzvater, was Richter voller Rührung in seinen Memoiren bestätigte, denn als Vater habe ihn Günter , mit dem er eng befreundet war und der ihm gleichzeitig fremd blieb, selbst bezeichnet, er ihn wiederum nie jedoch Sohn Günterchen genannt."[406]

In den „Akzenten", einer Zeitschrift von Hans Werner Richter, stellte der Schriftsteller 1961 die Kurzgeschichte mit dem Titel „Das Taschenmesser" vor. Sie ist ein Vorgriff auf den Roman. In diesem Jahr wurde auch die Mauer gebaut. Günter Grass begann sich zu dieser Zeit politisch einzusetzen. Zum ersten Mal trat er öffentlich an Schriftsteller heran, um mit ihnen über die Vorgänge in Deutschland zu diskutieren. Beim „V. Deutschen Schriftstellerkongress" in Ostberlin stiftete er Unruhe beim DDR-Kulturminister, indem er argumentativ anmerkte, welche Schriftsteller besser als die ostdeutschen Autoren wären. In seiner Abschlussbemerkung äußerte sich der Autor über die Kontrolle der Meinungsäußerungen in der Deutschen Demokratischen Republik. Am 14. August schrieb er einen offenen Brief an Anna Seghers mit dem Titel „Und was können die Schriftsteller tun?"[407]. Er forderte sie darin auf, sich ihrer Moral als Schriftstellerin zu erinnern und mit Worten gegen den

---

(Ebd., S. 60). „Die späte Entwicklung der Gruppe 47 ist durch ein eigentümliches Zusammenfallen literarisch-kultureller ereignisreicher und gesamtgesellschaftlicher Vorgänge gekennzeichnet: je mehr die Gruppe gesellschaftlicher Determination sich enthoben dünkte, desto fester gerät sie in die Fänge bundesdeutscher Realgeschichte." (Ebd., S. 61).

405 Jürgs (2002), S. 94 f.
406 Ebd., S. 98 f.
407 Günter Grass, Dokumente seiner politischen Wirkung. Hrsg. von Heinz Ludwig Arnold und F. J. Goertz. Beck'sche schwarze Reihe, Band 134. München: C. H. Beck'sche Verlagsbuchhandlung 1971, S. 7.

Mauerbau anzutreten, genauso wie im Krieg gegen die Nationalsozialisten.

Zwei Tage später verfasste er mit Wolfdietrich Schnurre einen weiteren Brief an die Mitglieder des Deutschen Schriftstellerverbandes. Auch in diesem Brief forderte er sie auf, sich gegen die Gewalttaten und die Schließung der Grenzen mit ihren Stimmen einzusetzen.

> „Es komme später keiner und sage, er sei immer gegen die gewaltsame Schließung der Grenzen gewesen, aber man habe ihn nicht zu Wort kommen lassen. Wer den Beruf des Schriftstellers wählt, muß zu Wort kommen, und sei es nur durch ein lautes Verkünden, er werde am Sprechen gehindert."[408]

Grass avancierte zu einem politischen Intellektuellen. Während dieser Zeit schrieb er bereits an den „Hundejahren". Die kurzen Schreibpausen, die er schon bei seinem Erstlingswerk einlegte, bestanden dieses Mal aus Besuchen in Kinos. Immer wenn er seinen Kopf frei machen wollte, fuhr er in ein Kino und guckte sich irgendeinen Film an.

Berlin war in den sechziger Jahren der politische Brennpunkt. Ein Grund für den Schriftsteller, neben vielen anderen Kollegen, gerade hier zu wohnen. Es fanden viele Lesungen und Tagungen statt. Der amtierende Bürgermeister Willy Brandt kümmerte sich um die vielen Intellektuellen in seiner Stadt, denn die vielen Bewohner der Großstadt waren für sie ein gutes Publikum. So nahe an der Mauer und doch wollten viele Menschen gerade hier die Vergangenheit vergessen. Günter Grass wollte diesem Vergessen in seinen Werken der Danziger Trilogie den Kampf ansagen.

Den dritten Teil der „Hundejahre" gab er Karl Schiller, einem „intellektuellen Außenseiter"[409], zu lesen. dieser machte Vorschläge und zeigte die Schwächen der Wirtschaftswunderzeit auf. Mit diesem Roman festigte sich der Ruf des Intellektuellen und Literaten Grass in der Welt. Die „Hundejahre" sind seinem kurz zuvor verstorbenen Freund Walter Henn gewidmet. Kurz nachdem der Roman erschienen war, setzte sich Günter Grass für die SPD und Willy Brandt ein.[410]

---

408 Zitiert nach Mayer-Iswandy, Claudia: Günter Grass. München: Deutscher Taschenbuch-Verlag 2002, S. 99.
409 Ebd., S. 102.
410 Alle wichtigen Informationen übernommen von ebd., S. 97-103.

Extra für den Roman reiste er auch nochmals nach Danzig zurück und rief sich die Schauplätze seiner Jugend in Erinnerung. Für das Bergwerkskapitel fuhr er unter Tage, in eine Schwestergrube des Kalibergwerks, wo er 1946 als Koppeljunge bereits gearbeitet hatte.

3.3.5 Die Danzig-Trilogie

Das bekannteste Buch Günter Grass' ist bis heute wie erwähnt sein Erstlingswerk „Die Blechtrommel". Der Roman ist auch der erste der Danziger-Trilogie. Zwei Jahre später kam der zweite Roman der Trilogie heraus: „Katz und Maus". Erst 1963 erschien das Werk „Hundejahre". Die Bezeichnung „Danziger-Trilogie" bekamen die drei Bücher jedoch erst 1974 von der Sammlung Luchterhand. Alle drei Romane spielen jedenfalls zu Teilen in Danzig-Langfuhr. Dieser Ort erweist sich als

> „[...] so groß und so klein, daß alles, was sich auf dieser Welt ereignet oder ereignen könnt, sich auch in Langfuhr ereignete oder hätte ereignen können."[411]

Die meisten seiner Romane spielen in Danzig und Umgebung. Es ist auch die Heimatstadt des Autors, die es heute nicht mehr gibt. So beschreibt der Autor in seiner „Rede vom Verlust" die Sehnsucht nach der verlorenen Heimat:

> „Nur was gänzlich verloren ist, fordert mit Leidenschaft endlose Benennungen heraus, diese Manie den entschwundenen Gegenstand so lange beim Namen zu rufen, bis er sich meldet. Verlust als Voraussetzung für Literatur."[412]

Danzig wurde zum Mikrokosmos. So war in der Zeit des Zweiten Weltkrieges auch Danzig wegen seiner besonderen Lage zwischen Ost und West der Auslöser für den Krieg. Es war der Zugang zu Osteuropa und somit zu Russland. Danzig war den Bestimmungen des Versailler Vertrags nach eine Freie Stadt und wurde 1920 dem Schutz des Völkerbundes unterstellt. Die Stadt war die erste, die 1933 eine mit absoluter Mehrheit frei gewählte nationalsozialistische Regierung hatte. Die Mitläuferschaft des Mittelstandes lässt sich also am Beispiel dieser Stadt gut aufzeigen.

---

411 Grass (1963), S. 374.
412 Grass, Günter: Rede vom Verlust, Über den Niedergang der politischen Kultur im geeinten Deutschland. 3. Auflage. Göttingen: Steidl 1992, S. 41.

Doch viele Kritiker glauben, dass durch die Anhäufungen von Jahreszahlen, die Bücher der Danzig-Trilogie als authentische Geschichte aufgefasst werden können. Doch Ernst Sodeikat zeigt in seiner Abhandlung[413], dass diese Annahme nicht stimmt. Zwar verwehrt er dem Autor nicht die Selbsterfahrungen, die dieser in seinen Werken eindeutig verarbeitet hat. Jedoch stellt er fest, dass nicht alle Angaben in den Büchern stimmen:

> „Nach seinen eigenen Angaben schreibt Grass seine Bücher in drei Etappen. Die erste Niederschrift folge dem Einfall, der Erinnerung, der Phantasie. Dann fülle er „Lücken" mit dokumentarischem Material. Zuletzt pflege er diese zweite Fassung so lange zu feilen, bis die eingesetzten Fakten nicht mehr als Fremdkörper wirken."[414]

Grass selbst gibt also zu, dass er sich nicht immer an die Fakten halte. So hat Danzig sich lange Hitlers Regime entgegengestellt. Hitler versuchte viele Jahre lang, die demokratische Opposition in Danzig zu unterdrücken. Die Deutschnationalen, die Sozialdemokraten und die Zentrumspartei schlossen sich zusammen, um auf den Terror Hitlers reagieren zu können.

Weitere Beispiele für die Abänderung der Wahrheit in den Werken der Danziger-Trilogie zeigen sich an der Langfuhrer Synagoge, die laut Grass in der Nacht vom 8. auf den 9. November 1938 in Brand gesteckt worden sein soll. Der Wahrheit entsprechend ist dies aber wahrscheinlich in der Nacht vom 12. auf den 13. November passiert.

Der Autor lässt außerdem die Figur des Gauleiters Albert Forster, Dr. Hermann Rauschning, den Gauschulungsleiter Wilhelm Löbsack und den Präsidenten der Freien Stadt Danzig Arthur Karl Greiser auf einem Feld aufeinander treffen. Dies geschieht im Sommer 1935, wobei jedoch Rauschning wahrheitsgemäß schon ein Jahr zuvor sein Amt als Präsident des Senats der Freien Stadt Danzig verloren hatte und bereits aus der Nationalsozialistischen Deutschen Arbeiterpartei ausgeschlossen war. Genauso falsch ist die Behauptung, dass Greiser der Chef Albert Forsters ist. Es ist sogar genau umgekehrt.

---

413 Sodeikat, Ernst: Schreib Günter Grass eine Danziger-Saga?, Ergebnisse einer Analyse der Bücher „Die Blechtrommel" und „Hundejahre". Hannover: 1969.
414 Ebd., S. 5.

Bei den „Hundejahren" zeigen sich weitere literarische Verfremdungen. So zählt Grass neun Vorstädte Danzigs auf. Laut Sodeikat[415], der sich auf den Keyser und dessen Werk „Danzigs Geschichte" bezieht, gab es jedoch neunundzwanzig. Auch bei der Eingemeindung der Langfuhrer gehen die Meinungen der beiden auseinander. So sagt Günter Grass, dass der Stadtteil erst 1854 eingemeindet wurde. Keyser datiert die Eingemeindung viel früher, im Jahre 1814.

Es zeigt sich also, dass Günter Grass die historischen Fakten für das Romangeschehen abgeändert hat. Die verschiedenen Vorteile von Danzig für den Roman geben dem Autor mit seiner Wahl für diesen Ort jedoch Recht. Der Ort der Geschehnisse ist nicht schlecht gewählt, da an dieser Kleinstadt auch gut das kleinstädtische Verhalten im nationalsozialistischen Deutschland gezeigt werden kann. Die Faszination der Verführung auf der Ebene des Volkes ist ein Anliegen nicht nur von Günter Grass, sondern auch anderer Schriftsteller, zum Beispiel der anderen hier besprochenen Autoren. In der Provinz der Freien Stadt Danzig zeigen sich die verschiedenen Personen und Neigungen in dem nationalsozialistischen Staat. Ein weiterer Vorteil der Stadt Danzig, die zwischen Polen und Deutschland liegt, ist ihre lange wechselhafte Geschichte.

Die kleinbürgerliche Gesellschaft, die in den Hundejahren ausgeleuchtet wird, fängt schon bei den Erzählern der drei Werke an. Der Händlersohn Oskar Matzerath, Pilenz, der Sekretär, der Kaufmannssohn Eduard Amsel, Harry Liebenau, der Tischlersohn und der Müllersohn Walter Matern fungieren als Erzähler. In der Zeit zwischen 1933-1945 sind sie als Täter, Mitläufer und Opfer in das Geschehen involviert. Sie und gleichzeitig ihre Schichten werden zu tragenden Figuren des Hitler-Regimes. Indem er die Befehlsgeber durch Menschen ersetzt, gibt Grass dieser verantwortlichen Schicht ein Gesicht. Die Individualschuld wird dem Leser direkt vor die Augen geführt, ohne dabei unterzugehen. Dabei ist zu erkennen:

> „[...], daß sich dieses geduckte Verhalten des Kleinbürgers, des Opportunisten - wenn ich jetzt ‚Kleinbürger' sage, so geht das sowohl in diesen ideologisierten Begriff ‚Proletariat' hinein wie auch in die andere Richtung, in die Universitäten - doch sehr weltweit versteht und diese Verhaltensweisen gar nicht besonders exotisch sind."[416]

---

415 Ebd., S. 9.
416 Zitiert nach Neuhaus (1992), S. 22.

Der stoffliche Zusammenhang der drei Werke ist nicht zu leugnen. So nehmen „Katz und Maus" und die „Hundejahre" unter anderem mit Liebenau oder Störebecker immer wieder Rückbezug auf die „Blechtrommel". Walter Matern, eine der Hauptpersonen der „Hundejahre", taucht auch in der „Blechtrommel" auf. „Im Zwiebelkeller" ist „jener glatzköpfige Schauspieler, der bei uns der Knirscher genannt wurde"[417]. Es ist eine eindeutige Anspielung auf Matern. Viele der Figuren bleiben sogar über die Danzig-Trilogie hinweg erhalten. So gibt es im „Butt" immer noch jenen Lateinlehrer, genannt Dr. Stachnik, der schon in den „Hundejahren" mitspielt. Aber auch Schauplätze tauchen logischerweise immer wieder auf.[418] Die Internatsschule, in welcher Matern und Amsel in ihrer Jugendzeit wohnen, ist schon Mittelpunkt in „Katz und Maus" und bleibt für Oskar Matzerath ein unerreichbares Ziel. Auch Oswald Brunies und seine Tochter kommen schon in den Erzählungen von Pilenz vor. Der naschsüchtige Lehrer wird verhaftet und nach Stutthof gebracht, so erzählt es Pilenz. Erst in den „Hundejahren" bekommt die Tochter den Namen Jenny, die die Gegenspielerin von Tulla ist und auch schon in „Katz und Maus" eine wichtige Rolle spielt.

Auch das Jahr 1927, das Geburtsjahr von Grass, fällt immer wieder ins Gewicht. In diesem Jahr wird Oskar als Dreijähriger die Kellertreppe hinuntergeworfen, was sein Wachstum stört. Es ist das Jahr, in dem Pilenz aus „Katz und Maus" geboren wird, ebenso wie Tulla Prokriefke. 1927 erscheint Heideggers „Sein und Zeit"[419], aus welchem Zitate für die „Hundejahre" entnommen sind. Außerdem ist es das Jahr des Übergangs vom ersten in den zweiten Teil der „Hundejahre".

Die Schuldaufarbeitungsthematik und der Kampf gegen das Vergessen sind eine weitere Gemeinsamkeit der Danziger Trilogie. Die Erzähler selbst haben die Vergangenheit nicht vergessen und können sie auch nicht verdrängen. Sie treten als unbeliebte Ankläger auf und werden somit zu Außenseitern. Doch Günter Grass war es wichtig:

---

417 Grass, Günter: Die Blechtrommel. Wien: Bertelsmann 1974, S. 642.
418 So zum Beispiel der Platz vor dem Gutenbergdenkmal, auch in der „Blechtrommel" wie in den „Hundejahren" findet hier eine Prügelei statt.
419 Heidegger, Martin: Sein und Zeit. 12. Auflage. Tübingen: Niemeyer 1972.

„..., die damals schon beginnende – nein, die in den sechziger Jahren wirklich akute Dämonisierung des Nationalsozialismus zu zerstören. Man hatte es sich fein eingerichtet: Das wären böse Mächte gewesen, hieß es, die die Deutschen verführt hätten. Man konnte geradezu an dunkle Erdgeister denken, die bei Nacht und Nebel die an sich braven und redlichen Deutschen in das Verbrechen hineingedrängt haben sollen."[420]

Als die Blechtrommel auf dem Markt erschien, wurde sie zuerst von vielen als Provokation empfunden. Die drei Romane der Danziger Trilogie werden somit als Einheit gesehen, da sie das Erinnern fordern und die Mittäterschaft anprangern. Die beiden großen Romane sind auch ähnlich aufgebaut. In drei Teile gegliedert handelt der Mittelteil von Erlebnissen im Dritten Reich. Der letzte Teil spielt im Nachkriegsdeutschland. Immer wieder versucht Grass, mit erzählerischen Mitteln die deutsche Vergangenheit wieder ins Leben zu rufen.

---

420 Stallmann, Klaus (Hg.): Gespräche mit Günter Grass, o. O., o. V., o. J., S. 187 f.

4. Abschlussbetrachtung

In der Theorie bestätigt sich, dass die Mitläufer im Nationalsozialismus die Befehle Hitlers legitimiert haben und ihn dadurch als Herrscher anerkannt haben. Es ist im theoretischen Teil der vorliegenden Arbeit auch schon deutlich geworden, dass nicht nur die Helfer in unmittelbarer Nähe Hitlers Mitläufer gewesen waren, sondern jeder im Volk, der sich nicht auflehnte. Anhand der Experimente von Milgram und Zimbardo zeigte sich, dass viele Menschen, egal welcher Nationalität und Lebenslage, gegenüber einer Autorität absolut gehorsam sind. Denn Milgram hat aufgezeigt, dass die bloße Anwesenheit von Autorität aus Menschen Opportunisten werden lässt. Der wichtigste Faktor in dieser Rechnung ist die Freigabe des destruktiven Verhaltens durch die Gesellschaft. Der Gruppendruck und die persönlichen Interessen sind ebenfalls Elemente, die auf den Mitläufer einwirken. Das Experiment an der Stanford Universität zeigt, wie schnell sich Menschen in ihre Rolle einfinden:

> „Wir hatten eine überwältigend machtvolle Situation kreiert – eine Situation, in der sich die Gefangenen in sich selbst zurückzogen und pathologisch verhielten und in welcher sich einige Strafvollzugsbeamte sadistisch benahmen. Sogar die ‚guten' Beamten fühlten sich nicht in der Lage, einzugreifen, und keiner der Strafvollzugsbeamten beendete die Untersuchung vorzeitig."[421]

Die totale Konformität und Unterwürfigkeit schon nach kürzester Zeit wird deutlich. So ist das Denken der Strafvollzugsbeamten mit dem Denken in den Mordkommandos, aber in abgeschwächter Form auch mit dem der Deutschen, zu vergleichen. Das Gemeinschaftsgefühl wird mit jedem Tag stärker. Die Aggressivität der Mächtigen nimmt von Tag zu Tag zu. Die Kontrolle, die dadurch auf die Gefangenen ausgeübt werden soll, nimmt immer brutalere Ausmaße an. Wie Zimbardo richtig feststellt, gebrauchen die Strafvollzugsbeamten die Gewalt aus Angst vor Rebellion und „erhöhten [ ] ihre Kontrolle, Überwachung und Aggressivität"[422]. Diese Gefühle können auch auf Mitläufer übertragen werden.

---

421 Zimbardo, Philip: „Stanford-Gefängnis-Experiment". www.prisonexp.org./german/slide1g.htm – Stand: 26.1.2004.
422 Ebd.

Ein wichtiges Argument für die übermäßige Zahl der Mitläufer ist der Antisemitismus, der schon seit Jahrhunderten einen Nährboden in Deutschland gefunden hatte. Dieser Aspekt zeigt, warum die Juden verfolgt wurden und nicht zuerst andere Völkergruppen. So ist Goldhagens Argumentation richtig, jedoch nur ein Teilaspekt. Eine Kombination aller verschiedenen Erklärungsansätze fügt daher erst das Bild eines Mitläufers im Dritten Reich zusammen. Die Autorität, die persönlichen Interessen, die Legalisierung von destruktivem Verhalten durch die Gesellschaft, der Konformitäts- und Gehorsamkeitsdruck sowie der Antisemitismus sind zu gleichen Teilen an dem Vorhandensein von Millionen Mitläufern im Dritten Reich ursächlich beteiligt. All diese Faktoren wirken auf den Opportunisten ein, wobei nicht jeder einzelne Aspekt ausschlaggebend sein muss. Die Deutschen, bei denen diese Faktoren nicht wirkten, entzogen sich einer persönlichen Mitläuferschaft.

In der Literatur wird das Thema „Mitläufer" sehr selten aufgegriffen. Die hier besprochenen Autoren wollten mit dem Thema die Menschen zum Nachdenken bewegen. So schrieben Klaus Mann und Lion Feuchtwanger im Widerstand gegen den Nationalsozialismus im Exil über das Dritte Reich. Ihre beiden Mitläufer sind Stereotypen von Karrieristen wie sie gerne von Widerständlern gesehen wurden. Die Exilanten konnten sich keinen anderen Grund außer Geld und Reichtum für die Zusammenarbeit mit dem Parteioberen vorstellen. Ganz anders dagegen ist der Opportunist von Günter Grass. Im Vergleich zu Hendrik Höfgen und Oskar Lautensack ist Walter Matern ein bürgerlicher Mitläufer. Angestiftet von seinem besten Freund tritt er in die Partei ein und erkennt die Liebe zur Gewalt. Aus ihm bricht der aufgestaute Hass gegen seine Juden heraus. So sieht er im Rausch in Eddi nur den Juden, nicht den Freund. Er verkörpert die Theorie von Milgram und Zimbardo, die besonders den Konformitäts- und Gehorsamkeitsdruck in den Vordergrund stellen. Die Macht des Gruppendrucks erfasst Matern als er mit seinen SA-Kumpanen Eddi zusammenschlägt. Zu seinem Freund stehen und sich für ihn einsetzen, kann und will er in diesem Moment nicht. Dies wäre eine Abweichung von seiner Rolle als SA-Mann. Der Ausruf Materns „Itzig"[423] ist der pure Antisemitismus, der aus ihm heraus bricht, ganz im Sinne von Goldhagen. Die Ideologie ist, bedingt durch die Abhängigkeit seiner Familie an ei-

---

423 Grass (1963), S. 42.

nem Juden[424], aufgegangen. So ist dieser brutale Überfall auf den hilflosen Juden ein Ausdruck der Lust an der Gewalt[425], die in dieser Zeit von der Gesellschaft häufig legitimiert wurde. Der Grund für seinen Eintritt in die Partei ist in erster Linie ein Vorwand, da die Vorurteile, die die Nationalsozialistische Deutsche Arbeiterpartei vertritt, schon zu Hause geschürt worden sind. Die Autorität Hitler, die hinter dieser Gewalt gegen Juden steht, wird von Matern als Autorität akzeptiert, indem er die Befehle ausführt. Auch die anderen Bewohner Danzigs gewöhnen sich schnell an den Alltag im Dritten Reich. Einige, wie der Tischler Harry Liebenau, sind ebenfalls Antisemiten und unterstützen die Ideologie der Partei. Es gibt wieder andere, die - wie Tulla -, die Situation für ihre Zwecke ausnutzen. Doch Widerständler gibt es in den „Hundejahren" nicht.[426] Walter Matern wird erst nach dem Zweiten Weltkrieg zu einem Ermahner. Er verfolgt die Anführer von damals und schickt den „antifaschistischen Tripper" durch Deutschland. Günter Grass hat mit Walter Matern eine Figur geschaffen, die genau in die Schemata von Milgram, Browning und Zimbardo passt, aber auch die Überlegungen von Goldhagen bedient. Die sechs Faktoren, die oben angeführt wurden, treffen alle auf Walter Matern zu.

Die anderen beiden Charaktere haben viel gemeinsam, aber weisen auch Unterschiede auf. Die beiden Autoren haben ihren Roman in der beschriebenen Zeit verfasst, jedoch außerhalb von Deutschland. Die Motivation für das Mitläufertum im Dritten Reich ist bei beiden die gleiche: Geld, Macht und Ruhm. Hendrik Höfgen genauso wie Oskar Lautensack sind Persönlichkeiten des öffentlichen Lebens, die in erster Linie ihre persönlichen Interessen vertreten. Doch der Antisemitismus ist bei beiden Jasagern nicht zu spüren. Das grundlegende Herrschaftsmodell von Hennen und Prigge sowie die Überlegungen von Max Weber und Hannah Arendt passen zu den beiden Künstlerfiguren. Sie widersprechen den Befehlen von Hitler nicht. Zwar müssen sie die Befehle niemals ausführen, aber sie billigen wegen ihres opportunistischen Verhaltens die Herrschaft Hitlers, manchmal sogar indem sie Beifall klatschen oder bewusst zu Taten

---

424 Ebd., S. 31.
425 Die Lust an Gewalt kann als persönliches Interesse gesehen werden.
426 Eddi Amsel ist Jude und gehört somit nicht in die Reihe der Totalverweigerer und Jenny scheint nicht viel von der Außenwelt mitzubekommen. Ihre eigene kleine Welt, in der sie Ballett tanzt, reicht ihr völlig. Auf jeden Fall unternimmt sie nichts gegen die Verfolgung der Juden.

anstiften. Sie sind also das Volk, das das destruktive Verhalten freigibt, indem es die Autorität Hitlers bestätig. Bei Oskar Lautensack ist jedoch von Konformitäts- und Gehorsamkeitsdruck nichts zu spüren. Lion Feuchtwanger scheint diese Motivation der Mitläufer nicht bedacht zu haben. Den Gruppendruck und den Gehorsam gegenüber einer Autorität als ursächlichen Faktor der Anhänger des nationalsozialistischen Staates hat er wohl nicht besonders hoch bewertet. Zwar erkennt der Leser, dass Oskar Lautensack ein Mitläufer ist, jedoch fehlen von den genannten sechs Bedingungen zwei. Allerdings ist die Eindeutigkeit wie bei Walter Matern nicht gegeben.

Hendrik Höfgen dagegen bedient auch die letzten zwei Faktoren der Analyse - zwar auf eine andere Art und Weise als Walter Matern, aber auch hier kann Konformitäts- und Gehorsamkeitsdruck herauskristallisiert werden. So lässt sich Höfgen von seiner Frau Barbara scheiden, weil ihre politischen Ansichten für einen Künstler im Dritten Reich nicht vertretbar sind. Genauso wie die Scheidung legt ihm der Ministerpräsident nahe, seine „schwarze Venus" Juliette nach Paris zu schicken. Bis dahin war es nie nötig gewesen sie aus Deutschland wegzubringen, doch für Höfgen ist sie eine Abweichung von der Norm des Dritten Reiches. Nachdem er sich in seinem Liebesleben den Ansichten der Nationalsozialisten gebeugt hat, richtet er sein ganzes Leben nach den Vorstellungen der Machthaber aus. Das Wort des Ministerpräsidenten wird für ihn zum Gesetz. Ihm gegenüber ist der Schauspieler gehorsam. So ist Hendrik Höfgen zwar ein anderer Typ von Mitläufer als Günter Grass' Figur des Opportunisten, aber auch er erfüllt alle Bedingungen. Der Künstler ist der Zuschauer. Matern ist der Anhänger, der mitmacht. Es ist zu sehen, dass die anfängliche Vermutung, dass die Verschiedenartigkeit der Mitläuferfiguren auf die Einstellungen und Lebensumstände der Autoren zurückzuführen ist. Es zeigt sich, welche Vielfalt an Formen und Möglichkeiten ein Roman über das Mitläufertum im Dritten Reich aufweisen kann.

Zwischen Hendrik Höfgen und Oskar Lautensack bestehen jedoch noch Unterschiede, in die die verschiedenen Überlegungen der Autoren mit einfließen. Hendrik Höfgen ist menschlicher dargestellt als der Hellseher Lautensack. So denkt Henrik Höfgen am Anfang sogar an ein Exil und will aus Deutschland wegziehen. Für den Leser scheint der Künstler dadurch in den „Pakt mit dem Teufel" hineinzurutschen. Die Gedanken, die sich Höfgen kurz nach der Machtergreifung macht, sprechen dafür:

„Habe ich es nötig, das Morsgesindel um Verzeihung anzubetteln? - dachte er dann. Bin ich denn auf sie angewiesen? Hat mein Name nicht schon internationalen Klang? Ich könnte mich überall durchbringen – es würde wohl nicht ganz leicht sein, aber es müßte gehen. Welche Erleichterung, ja welche Erlösung würde es bedeuten: stolz und freiwillig mich zurückzuziehen von einem Lande, wo die Luft verpestet ist; mit lauter Stimme Solidarität erklären mit jenen, die kämpfen wollen gegen das blutbefleckte Regime! Wie rein würde ich mich fühlen dürfen, könnte ich mich durchringen zu solchem Entschluß! Was für einen neuen Sinn, welch neue Würde bekäme mein Leben!"[427]

Auf der einen Seite würde er gerne ein Märtyrer sein. Doch merkt der Leser, dass sich Hendrik Höfgen niemals dazu überwinden kann. Schon am Anfang des kurzen Exils ist klar, dass Höfgen nach Deutschland zurückgeht. Seine Angst vor der Einsamkeit, dem Untätigsein, der Arbeitslosigkeit und der Armut sind zu groß. Das gute Angebot aus der Heimat lockt und so wird er zum Mitläufer des Regimes. Seine Motivation nach Deutschland zurückzukommen und seine Ängste vor dem Ausland sind verständlich. Sein größter Traum ist es, einmal der Elite des Landes anzugehören. Klaus Mann entwirft den typischen Karrieristen, der in Deutschland aufgrund der dortigen materiellen Vorteile bleibt.

Oskar Lautensack hat noch mehr persönliche Interessen. So ist die Begegnung und spätere Freundschaft mit Adolf Hitler eine große Motivation für ihn. Später kommt durch die Freundschaft mit weiteren Parteiobersten und reichen Wirtschaftsmagnaten der weitere Antrieb, den Nationalsozialisten treu zu bleiben. So ist Lautensack in der gesamten Handlung darauf aus, von den richtigen Leuten anerkannt zu werden. Dabei bemerkt er nicht, dass er nur von ihnen ausgenutzt wird, doch dies scheint ihm auch gar nichts auszumachen. Bei seinen ganzen Aktivitäten wirkt er von allen drei vorgestellten Mitläuferfiguren am unrealistischsten. Sein Verhalten ist aufgesetzt und oberflächlich. Seine Motivation ist selten zu erkennen und abwegig. Die Anziehungskraft von Adolf Hitler auf ihn ist zwar groß. Diese Wirkung hatte Hitler nicht nur auf jene, die ihn kannten, sondern auch auf die Massen, vor denen er sprach. Doch als einziger Grund für die Unterstützung des Regimes kann diese Ausstrahlung nicht allein gewertet werden.

---

427   Mann (2001), S. 233.

Fazit

Abschließend kann also festgestellt werden, dass die drei Mitläuferfiguren in dem jeweiligen Roman hervorstechen. Bei der Analyse hat sich gezeigt, dass die Charaktere Walter Matern und Hendrik Höfgen mit den Ergebnissen bei der soziologischen Untersuchung am weitesten übereinstimmte. Die beiden Jasager sind zwar unterschiedliche Typen von Mitläufern – Zuschauer und Täter - doch beide haben die gleichen Voraussetzungen, die auf sie einwirken. Oskar Lautensack hat zwar auch persönliches Interesse, in der Gesellschaft, in welcher Oskar verkehrt, ist das destruktive Verhalten freigegeben und Hitler ist die Autoritätsperson, aber die anderen drei Faktoren – Antisemitismus, Konformitäts- und Gehorsamkeitsdruck – berühren ihn nicht. Lion Feuchtwangers Opportunistenfigur hat somit Schwächen. So bestätigt der Opportunist von Lion Feuchtwanger nur das Grundmodell von Hennen und Prigge, wobei zu bedenken ist, dass es kein Modell speziell für die Intellektuellen und Künstler im Dritten Reich gibt. [428] Die Modelle von Milgram, Browning, Zimbardo und Goldhagen sind auf „Normalbürger" ausgerichtet und meist auf eine bestimmte Situation abgestimmt, wie unter anderem auf die Männer des Polizeibatallions 101 fokussiert.

Die Komplikationen der vorliegenden Arbeit ergaben sich aus der wenigen Sekundärliteratur zu Lion Feuchtwangers „Brüder Lautensack" und aus der übermäßigen Anzahl an Abhandlungen über Klaus Manns „Mephisto" sowie Günter Grass` „Hundejahre". So hätte die vorliegende Arbeit noch sehr viel umfangreicher sein können, doch die Ergebnisse der Analyse sind auf das Wesentliche reduziert worden, um den Rahmen nicht zu sprengen.

Es stellt sich heraus, dass man - von den soziologischen Betrachtungen zum Mitläufertum im Dritten Reich ausgehend - die Mitläuferfiguren in ihren unterschiedlichen Ausprägungen in der Literatur wieder findet. Bei dieser Untersuchung sind mehrere Punkte – wie zum Beispiel andere Herrschaftsformen als die Diktatur im Dritten

---

[428] Künstler und Intellektuelle, die für diese Analyse wichtigen Gesellschaftsschichten, sind aus dieser Aufzählung herausgenommen worden. „Man sieht, das Augenmerk galt den Vordenkern, Planern, Initiatoren und Organisatoren im Zentrum der Macht, in zunehmendem Maße auch in der Zivilverwaltung der besetzten Gebiete." Sandkühler und Schmuhl, (1998), S. 4.

Reich – nicht beachtet worden, da sie den Rahmen der vorliegenden Analyse überschritten hätten. So wäre eine Untersuchung über die Opportunisten im Kommunismus ein weiterer denkbarer Ansatz für eine Untersuchung, wobei der literarische Aspekt neue Sichtweisen eröffnet. Die Frage nach einer speziellen deutschen Aufarbeitung der Judenverfolgung können in dieser Weise auch mitbeantwortet werden. Wie sich im Laufe der Untersuchung herausstellte, haben auch die Engländer Juden verfolgt. Interessant wäre zu untersuchen, ob auch in Großbritannien eine literarische Aufarbeitung dieser Thematik unternommen wurde. Ein weiterer Aspekt der Mitläuferthematik ist, warum die deutsche Vergangenheit zwar akzeptiert und erforscht wird, jedoch die Anhänger Hitlers so zögerlich studiert werden. Der Mensch, der hinter dem Mitläufer steckt, sollte nicht verurteilt werden, sondern seine Verhaltensweise als bisher dunkler Bereich der menschlichen Natur akzeptiert und erforscht werden:

> „Ganz gewöhnliche Menschen, die nur schlicht ihre Aufgabe erfüllen und keinerlei persönliche Feindseligkeit empfinden, können zu Handlungen in einem grausigen Vernichtungsprozeß veranlaßt werden. Schlimmer noch: selbst wenn ihnen die zerstörischen Folgen ihres Handelns vor Augen geführt und klar bewußt gemacht werden und wenn man ihnen dann sagt, sie sollen Handlungen ausführen, die in krassem Widerspruch stehen zu ihren moralischen Grundüberzeugungen, so verfügen doch nur vereinzelte Menschen über genügende Standfestigkeit, um der Autorität wirksam Widerstand entgegenzusetzen. Eine Vielzahl von Hemmungen gegenüber dem Ungehorsam gegen Autorität spielt mit und sorgt erfolgreich dafür, daß einer nicht aufmuckt."[429]

---

429 Milgram (2003), S. 22.

Anhang:

Anhang A: Das Autoritäts- und Herrschaftsmodell

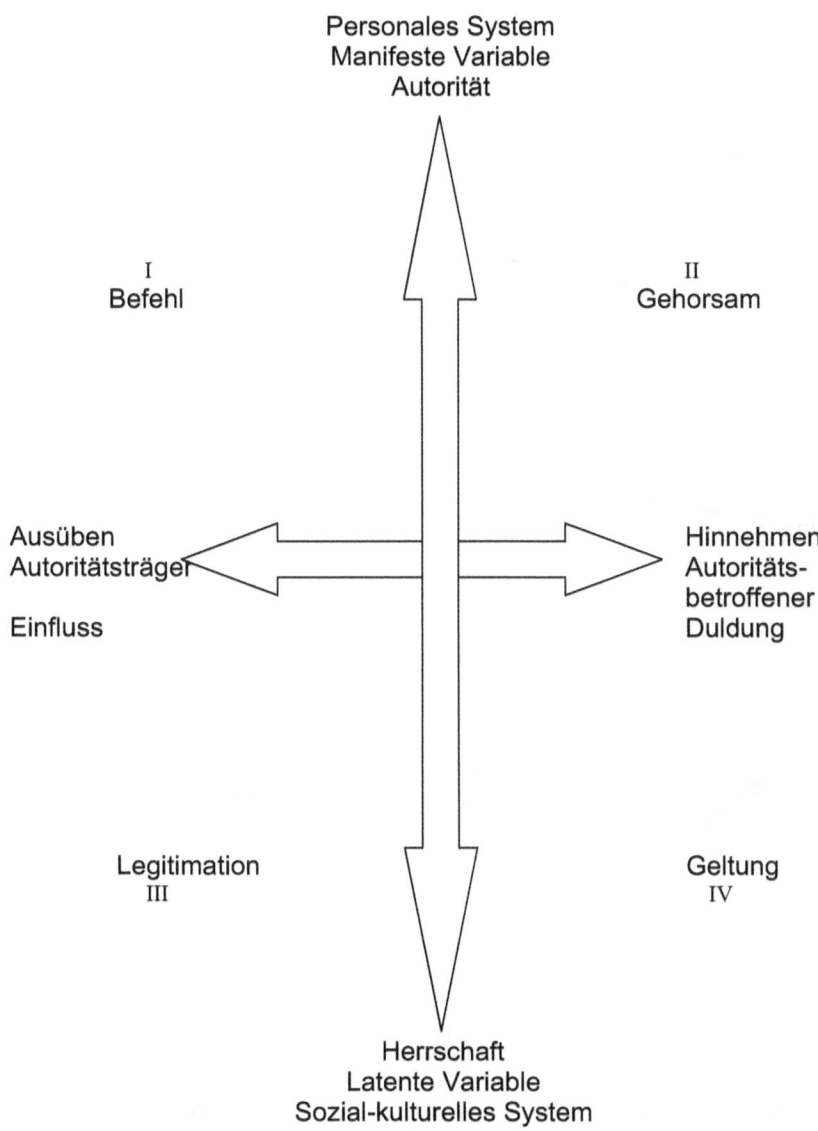

Quelle: Hennen, Manfred und Prigge, Wolfgang-Ulrich: Autorität und Herrschaft, Erträge der Forschung, Band 75, Darmstadt, 1977, S. 22.

Anhang B: Das Macht- und Gewaltmodell

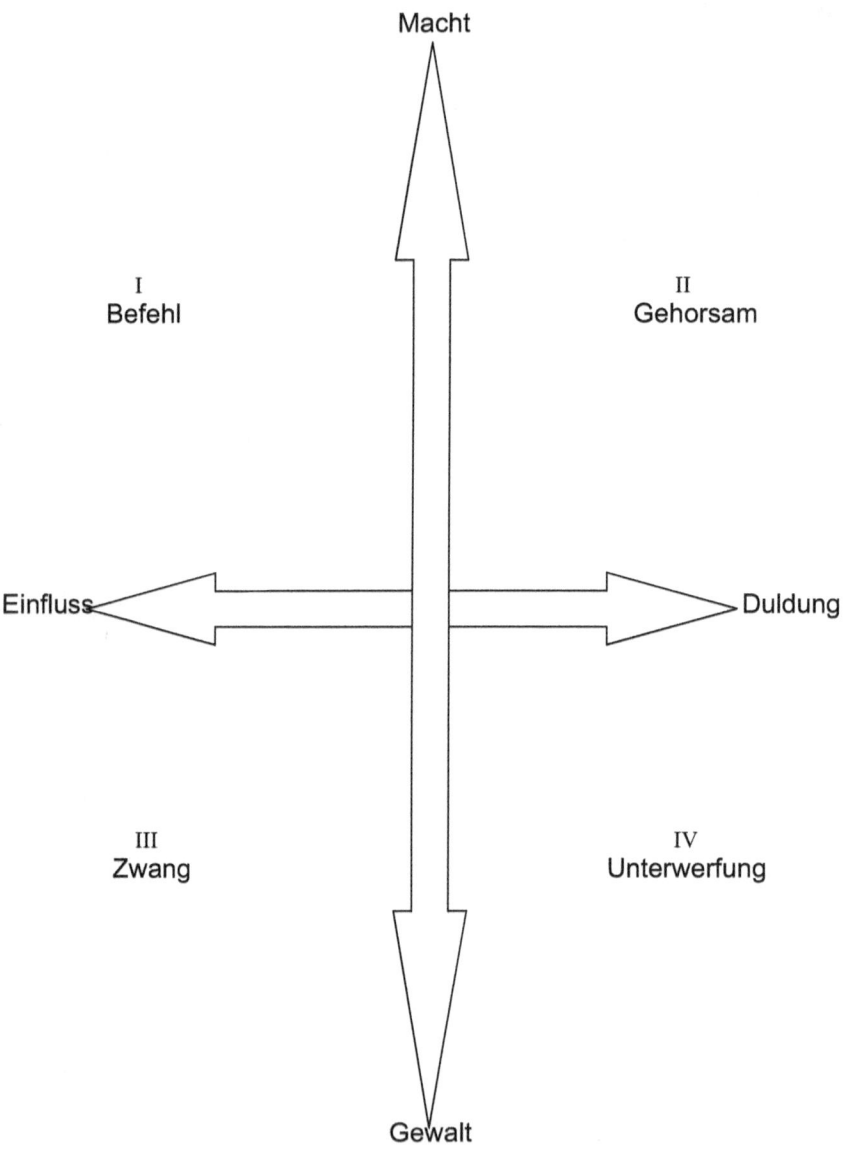

Quelle: Hennen, Manfred und Prigge, Wolfgang-Ulrich: Autorität und Herrschaft, Erträge der Forschung, Band 75, Darmstadt, 1977, S. 29.

Anhang C: Destruktives Verhalten in Abwesenheit sozialer Kontrolle

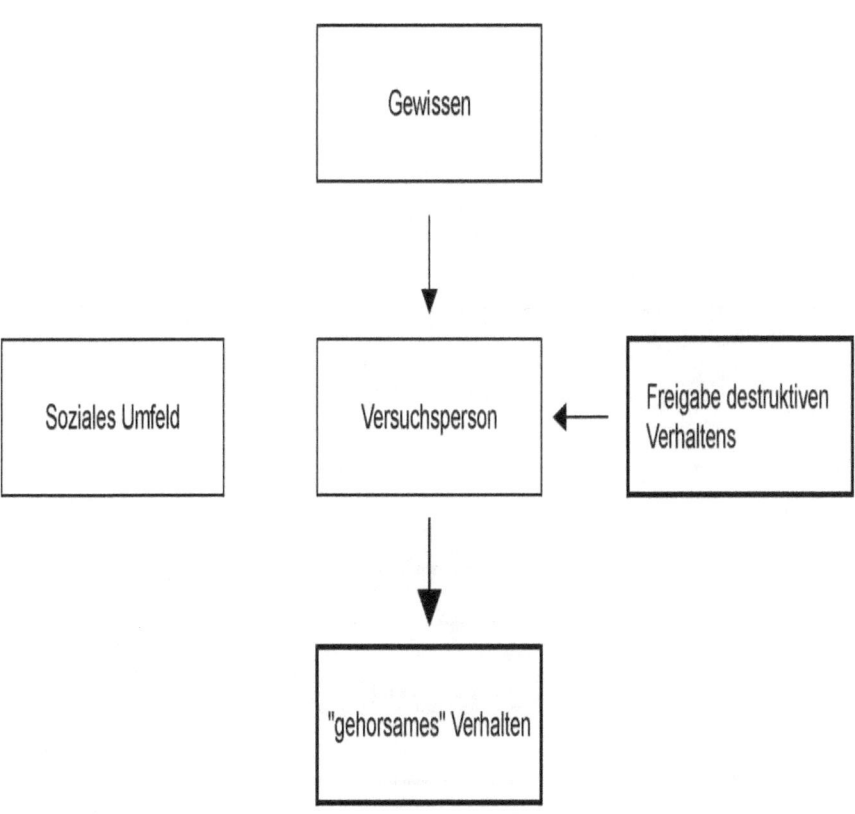

Quelle: Lüttke, Hans B.: Gehorsam und Gewissen, Die moralische Handlungskompetenz des Menschen aus Sicht des Milgram-Experimentes, Beiträge zur Sozialpsychologie, Band 5, Frankfurt am Main, 2003, S. 228.

Anhang D: Destruktives Verhalten unter Konformitätseinfluss

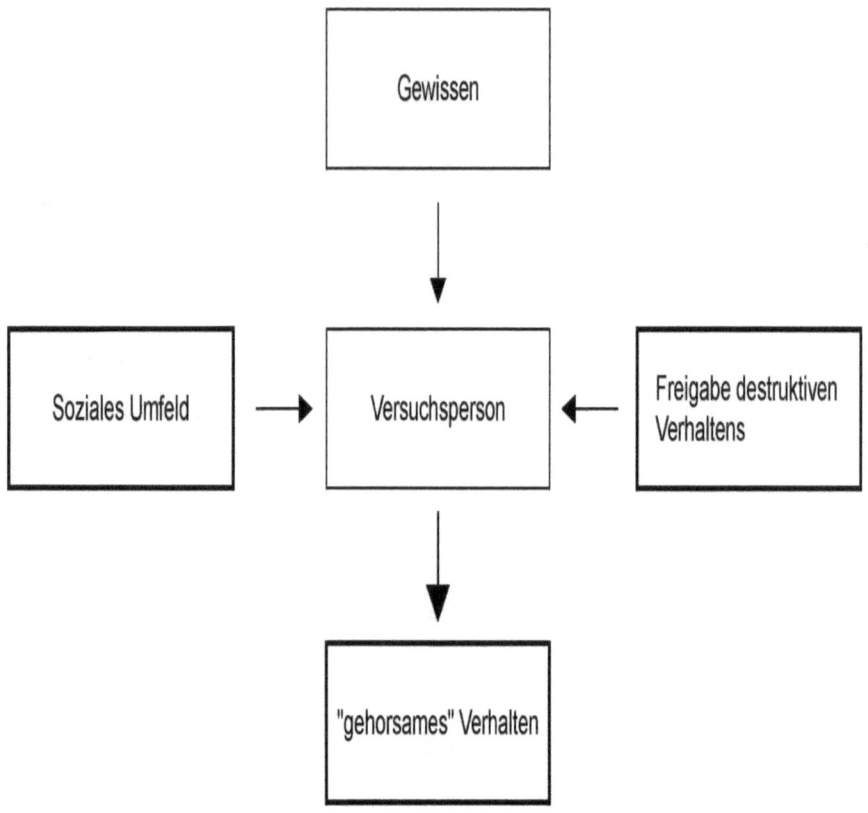

Quelle: Lüttke, Hans B.: Gehorsam und Gewissen, Die moralische Handlungskompetenz des Menschen aus Sicht des Milgram-Experimentes, Beiträge zur Sozialpsychologie, Band 5, Frankfurt am Main, 2003, S. 228.

Anhang E: Bedingungsfaktoren konformen / autoritätsgehorsamen Verhalten

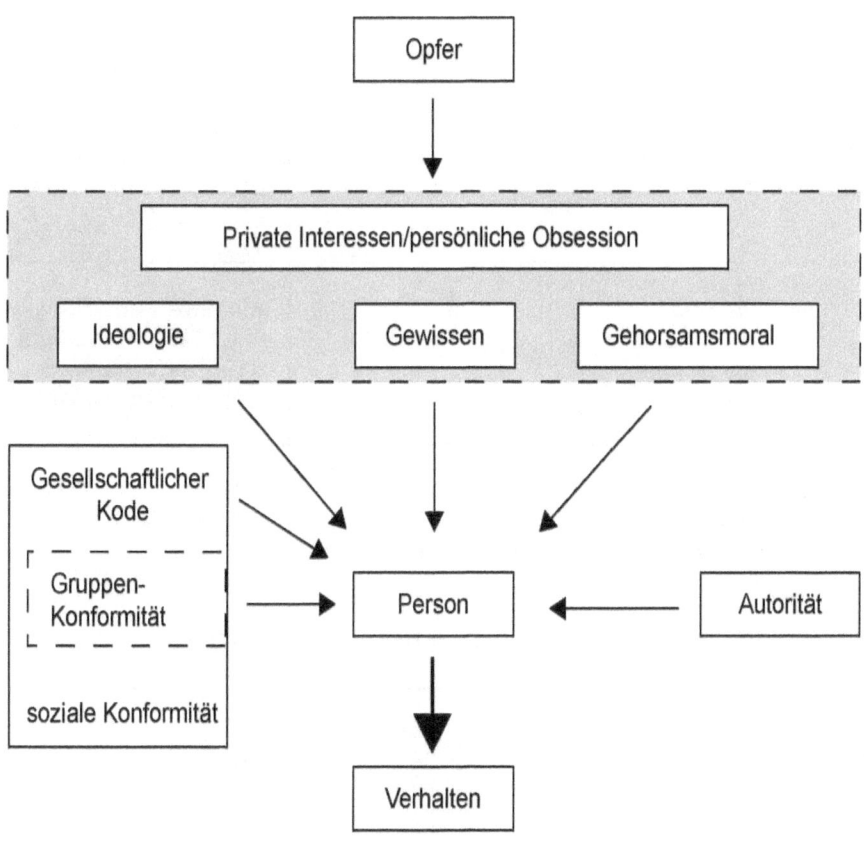

Quelle: Lüttke, Hans B.: Gehorsam und Gewissen, Die moralische Handlungskompetenz des Menschen aus Sicht des Milgram-Experimentes, Beiträge zur Sozialpsychologie, Band 5, Frankfurt am Main, 2003, S. 231.

Anhang F: Täterverteilung (unter Einbeziehung der „Autoritätsgläubigen")

Autoritätsgläubigkeit	Ca. 5 %	Geschätzt
Funktional ausgenutzter Autoritätsgehorsam	Ca. 25 %	Mittelwert aus Browning (1992) und Jäger (1967)
Autoritätsgehorsam ohne Widerstand / Autoritätshörigkeit	Ca. 45 %	Mittelwert aus Browning (1992) und Jäger (1967) (Gehorsame minus Skrupulöse)
Autoritätsgehorsam mit Wiederstand (und Abbruch)	Ca. 20 %	Browning (1992) Goldhagen (1996)
Autonomes Verhalten	Unter 5 %	Browning (1992)

Quelle: Lüttke, Hans B.: Gehorsam und Gewissen, Die moralische Handlungskompetenz des Menschen aus Sicht des Milgram- Experimentes, Beiträge zur Sozialpsychologie, Band 5, Frankfurt am Main, 2003, S. 235.

Anhang G: Der Widerstand gegen die Euthanasie-Programme

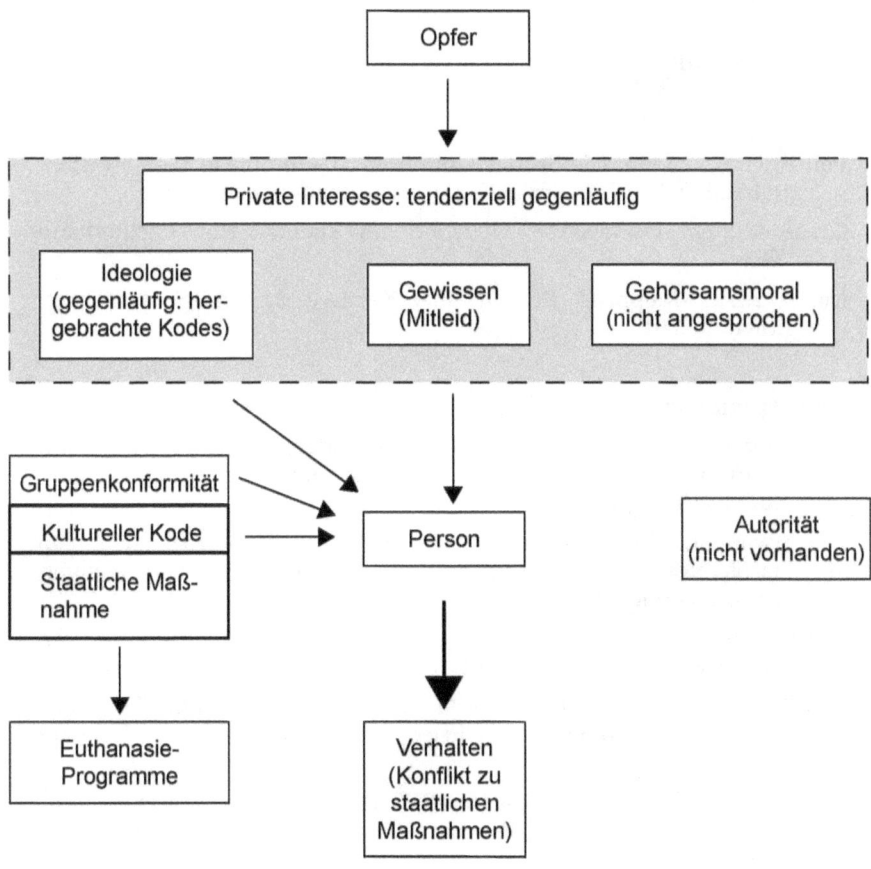

Quelle: Lüttke, Hans B.: Gehorsam und Gewissen, Die moralische Handlungskopetenz des Menschen aus Sicht des Milgram- Experiments, Beiträge zur Sozialpsychologie, Band 5, Frankfurt am Main, 2003, S. 238.

Bibliographie

Primärliteratur

Romane

Feuchtwanger, Lion: Die Brüder Lautensack. Gesammelte Werke in Einzelbänden, Band 10. Berlin/Weimar: Aufbau-Verlag 1994.

Grass, Günter: Hundejahre. Neuwied am Rhein/Berlin: Luchterhand 1963.

Mann, Klaus: Mephisto, Roman einer Karriere. 2. Auflage. Hamburg: Rowohlt 2001.

Korrespondenz / Tagebücher

Feuchtwanger, Lion: Briefwechsel mit Freunden 1933-1958. Hrsg. von Harold von Hofe von und Sigrid Washburn. Band 1. Berlin/Weimar: Aufbau-Verlag 1991.

Feuchtwanger, Lion: Briefwechsel mit Freunden 1933-1958. Hrsg. von Harold von Hofe und Sigrid Washburn. Band 2. Berlin/Weimar: Aufbau-Verlag 1991.

Feuchtwanger, Lion - Arnold Zweig: Briefwechsel 1933-1958. Hrsg. von Harold von Hofe. Band 1. Berlin/Weimar: Aufbau-Verlag 1984.

Mann, Klaus: Tagebücher 1936 bis 1937. Hrsg. von Joachim Heimannsberg; Peter Laemmle und Wilfried F. Schoeller. München: Rowohlt 1990.

Mann, Klaus: Tagebücher 1934 bis 1935. Hrsg. von Joachim Heimannsberg; Peter Laemmle und Wilfried F. Schoeller. München: Verlag 1989.

Mann, Klaus: Briefe und Antworten, 1922-1949. Hrsg. Von Gregor-Dellin, Martin. München: Rowohlt 1987.

Soziologische Studien

Browning, Christopher R.: Der Weg zur „Endlösung" – Entscheidung und Täter. Bonn/Dietz: Dietz 1998.

Browning, Christopher R.: Ganz normale Männer – Das Reserve-Polizeibataillion 101 und die „Endlösung" in Polen. Neuausgabe 20.-29. Tausend. Reinbek bei Hamburg: Rowohlt 1996.

Goldhagen, Daniel Jonah: Hitlers willige Vollstrecker, Ganz gewöhnliche Deutsche und der Holocaust. Berlin: Goldmann 1996.

Milgram, Stanley: Das Milgram-Experiment, Zur Gehorsamsbereitschaft gegenüber Autorität. 13. Auflage. Reinbek bei Hamburg: Rowohlt 2003.

Forschungsliteratur

Arendt, Hannah: Macht und Gewalt. München: Piper 1970.

Klaus Mann. Hrsg. von Heinz Ludwig Arnold. Text und Kritik, Zeitschrift für Literatur, Heft 93/94. Göttingen: edition text und kritik Januar 1987.

Günter Grass. Hrsg. von Heinz Ludwig Arnold. Text und Kritik, Zeitschrift für Literatur. 5. Auflage. München: edition text und kritik 1978.

Günter Grass, Dokumente seiner politischen Wirkung. Hrsg. von Heinz Ludwig Arnold und F. J. Goertz. Beck'sche schwarze Reihe, Band 134. München: C. H. Beck'sche Verlagsbuchhandlung 1971.

Benn, Gottfried: Der neue Staat und die Intellektuellen. Stuttgart/Berlin: Deutsche Verlags-Anstalt 1933.

Benn, Gottfried: „Kunst und Drittes Reich". In: Gottfreid Benn, Essays, Reden, Vorträge. Hrsg. von Dieter Wellershoff. Gesammelte Werke in vier Bänden., Erster Band. Wiesbaden: Limes 1959, S. 299-323.

Berendsohn, Walter A.: Der Meister des politischen Romans: Lion Feuchtwanger. Schriften des Deutschen Institutes der Universität Stockholm. Stockholm: 1976.

Brecht Bertolt: Arbeitsjournal, Erster Band 1938 bis 1942. Hrsg. von Werner Hecht. Frankfurt am Main: Suhrkamp 1973.

Brekle, Wolfgang: Schriftsteller im antifaschistischen Widerstand 1933-1945 in Deutschland. 2. Auflage. Berlin: Aufbau-Verlag 1990.

Brode, Hanspeter: Günter Grass. München: edition text und kritik 1979.

Brode, Hanspeter: Die Zeitgeschichte im erzählenden Werk von Günter Grass, Versuch einer Deutung der „Blechtrommel" und der „Danziger Trilogie". Regensburger Beiträge zur deutschen Sprach- und Literaturwissenschaft, Reihe B: Untersuchungen, Band 11. Frankfurt am Main: Lang 1977.

Casaretto, Alexa-Désirée: Heimatsuche, Todessucht und Narzissmus in Leben und Werk Klaus Manns. Europäische Hochschulschriften: Reihe 1, Deutsche Sprache und Literatur, Band 1845. Berlin: Lang 2002.

Cepl-Kaufmann, Gertrude: Günter Grass, Eine Analyse des Gesamtwerkes unter dem Aspekt von Literatur und Politik. Skripten Literaturwissenschaft. Kronberg/Taunus: Scriptor-Verlag 1975.

Cziffra, Géza von: Hanussen, Hellseher des Teufels, Die Wahrheit über den Reichtagsbrand. München/Berlin: Herbig 1978.

Dietschreit, Frank: Lion Feuchtwanger. Sammlung Metzler, Band 245. Stuttgart: Metzler 1988.

Dirschauer, Wilfried: Klaus Mann und das Exil. Nummer 2, Deutsches Exil 1933-1945, Eine Schriftenreihe. Worms: 1973.

Zu Günter Grass: Geschichte auf dem poetischen Prüfstand. Hrsg. von Manfred Durzak. 1. Auflage. Literaturwissenschaft – Gesellschaftswissenschaft, LGW-Interpretationen. Stuttgart: Klett 1985.

Die deutsche Exilliteratur 1933-1945. Hrsg. von Manfred Durzak. Stuttgart: Reclam 1973.

Felden, Klemens: Die Übernahme des antisemitischen Stereotyps als soziale Norm durch die bürgerliche Gesellschaft Deutschlands (1875 bis 1900), Diss. masch. Heidelberg: 1963.

Ferchl, Wolfgang: Zwischen „Schlüsselroman", Kolportage und Artistik, Studien zur gesellschaftskritisch-realistischen Romanliteratur der 50er Jahre in der Bundesrepublik Deutschland in ihrem sozialgeschichtlichen und poetologischen Kontext. Amsterdamer Publikationen zur Sprache und Literatur, Band 93. Amsterdam: Rodopi 1991.

Glassman, Bernard: Antis-Semitic Stereotypes without Jews: Images of the Jews in England, 1290-1700. Detroit: Rowman and Littlefried Pub Inc. 1975.

Goethe, Johann Wolfgang von: Faust. Wiesbaden: Dieterich'sche Verlagsbuchhandlung 1953.

Grass, Günter: Rede vom Verlust, Über den Niedergang der politischen Kultur im geeinten Deutschland. 3. Auflage. Göttingen: Steidl 1992.

Grass, Günter: Die Blechtrommel. Wien: Bertelsmann 1974.

Gregor-Dellin, Martin: „Klaus Manns Exilromane". In: Die deutsche Exilliteratur 1933-1945. Hrsg. von Manfred Durzak. Stuttgart: Reclam 1973, S. 457-464.

Gross, Leonard: Versteckt, Wie Juden in Berlin die Nazi-Zeit überlebten. Reinbek bei Hamburg: Rowohlt 1983.

Gründgens, Gustaf : Briefe, Aufsätze, Reden. Hrsg. von Rolf Badenhausen und Peter Gründgens-Gorski. München: Hoffmann und Campe 1970.

Hanussen, Erik Jan: Meine Lebenslinie. Berlin: Universitäts-Verlag 1930.

Härle, Gerhard: Männerweiblichkeit, Zur Homosexualität bei Klaus und Thomas Mann. Frankfurt am Main: Athenäum 1988.

Harscheidt, Michael: Günter Grass, Wort – Zahl - Gott, Der ‚phantastische Realismus' in den Hundejahren. Abhandlungen zur Kunst-, Musik- und Literaturwissenschaft, Band 210. Bonn: Bouvier 1976.

Heidegger, Martin: Sein und Zeit. 12. Auflage. Tübingen: Niemeyer 1972.

Hennen, Manfred und Prigge, Wolfgang-Ulrich: Autorität und Herrschaft. Erträge der Forschung, Band 75. Darmstadt: Wissenschaftliche Buchgesellschaft 1977.

Honsza, Norbert: Ausbrüche aus der klaustrophobischen Welt, Zum Schaffen von Günter Grass. 2. Auflage. Wroclaw: Wydawn. Uniw. Wroclawskiego 1992.

Janka, Franz: Die braune Gesellschaft, Ein Volk wird formatiert. Stuttgart: Quell-Verlag 1997.

Grass, Kritik – Thesen – Analysen. Hrsg. von Manfred Jurgensen. Queensland Studies in German Language and Literature, Band IV. Bern/München: Francke 1973.

Jürgs, Michael: Bürger Grass, Biografie eines Deutschen Dichters. München: Bertelsmann 2002.

Kerker, Elke: Weltbürgertum, Exil, Heimatlosigkeit, Die Entwicklung der politischen Dimension im Werk Klaus Manns von 1924-1936. Hochschulschriften: Literaturwissenschaften, Band 26. Meisenheim am Glan: Hain 1977.

Kersten, Hermann: „Mephisto". In: Das Neue Tage-Buch, 5. Jahrgang, Heft 5., Paris, 30.01.1937, S. 114-116.

Keun, Irmgard: Nach Mitternacht. Stuttgart: Klett 1982.

Kleinteich, Sylvia: Künstlerproblematik und Gesellschaftsanalyse in den Zeitromanen Klaus Manns, Phil. Diss. masch. Leipzig: 1979.

Klönne, Arno: Gegen den Strom, Bericht über den Jugendwiderstand im Dritten Reich. Hannover: Norddeutscher Goedel Verlag 1957.

Knopp, Guido: Hitlers Helfer, Täter und Vollstrecker. München: Goldmann 1998.

Köpke, Wulff: „Die Exilschriftsteller und der amerikanische Buchmarkt". In: Deutsche Exilliteratur seit 1933. Hrsg. von J. M. Spalek und J. Streka. Band 1, Karlifornien. München: Francke 1976, S. 89-116.

Kröll, Friedhelm: Gruppe 47. Sammlung Metzler. Stuttgart: Metzler 1979.

Krüll, Marianne: Im Netz der Zauberer, Eine andere Geschichte der Familie Mann. Frankfurt am Main: Arche 1991.

Kugel, Wilfried: Hanussen, Die wahre Geschichte des Hermann Steinschneider. Düsseldorf: Grupello-Verlag 1998.

Letsch, Felicia: Auseinandersetzungen mit der Vergangenheit als Moment der Gegenwartskritik, Die Romane „Billard um halb zehn" von Heinrich Böll, „Hundejahre" von Günter Grass, „Der Tod in Rom" von Wolfgang Koeppen und „Deutschstunde" von Siegfried Lenz. Pahl-Rugenstein Hochschulschriften, Gesellschafts- und Naturwissenschaften, Nummer 118, Serie: Literatur und Geschichte. Köln: Pahl-Rugenstein 1982.

Lohmeier, Anke-Maria: „Es ist also doch ein sehr privates Buch, Über Kluas Manns ,Mephisto', Gustaf Gründgens und die Nachgeborenen". In: Klaus Mann. Hrsg. von Heinz Ludwig Arnold. Text und Kritik, Zeitschrift für Literatur, Heft 93/94. Göttingen: edition text und kritik Januar 1987, S. 100-129.

Lüttke, Hans B.: Gehorsam und Gewissen, Die moralische Handlungskompetenz des Menschen aus Sicht des Milgram-Experimentes. Beiträge zur Sozialpsychologie, Band 5. Frankfurt am Main: Lang 2003.

Lüttig, Gisela: „Zu diesem Band". In: Feuchtwanger, Lion: Die Brüder Lautensack. Berlin/Weimar: Aufbau-Verlag 1994, S. 311-317.

Maltzan, Carlotta von: Masochismus und Macht, Eine kritische Untersuchung am Beispiel von Klaus Manns „Mephisto. Roman einer Karriere". Stuttgart: Heinz 2001.

Mann, Heinrich: „Szenen aus dem Nazileben". In: Mann, Heinrich: Hass. Frankfurt am Main: Fischer 1987, S. 197- 235.

Mann, Heinrich: Der Untertan / Im Schlaraffenland, Zwei Romane. Berlin: Claasen 1976.

Mann, Klaus: Der Vulkan, Roman unter Emigranten. 16. Auflage. Reinbek bei Hamburg Rowohlt 2002 a.

Mann, Klaus: Der Wendepunkt, Ein Lebensbericht. 14. Auflage. Reinbek bei Hamburg: Rowohlt 2002 b.

Mann, Klaus: Zahnärzte und Künstler, Aufsätze, Reden, Kritiken 1933 – 1936. Hamburg: Rowohlt 1992 a.

Mann, Klaus: Treffpunkt im Unendlichen. München: Edition Spangenberg 1992 b.

Mann, Klaus: The Turning Point, Thirty-five years in this century. Reprint. New York: Wiener 1984.

Mann, Klaus: Flucht in den Norden. Amsterdam: Querido 1934.

Mann, Thomas: Der Zauberberg. Frankfurt am Main: Fischer 2001.

Mann, Thomas: Die Buddenbrooks, Verfall einer Familie. Zürich: Artemis und Winkler 1995.

Mann, Thomas: Essays, Band 1: Frühlingssturm 1893-1918. Frankfurt am Main: Fischer 1993.

Mann, Thomas: Doktor Faustus, Das Leben des deutschen Tonsetzers Adrian Leverkühn. Frankfurt am Main: Fischer 1986.

Mayer-Iswandy, Claudia: Günter Grass. München: Deutscher Taschenbuch-Verlag 2002.

Moser, Sabine: Günter Grass, Romane und Erzählungen. Klassiker-Lektüren, Band 4. Berlin: Schmidt 2000.

„Ruhe gibt es nicht, bis zum Schluss", Klaus Mann (1906 – 1949), Bilder und Dokumente. Hrsg. von Uwe Naumann. Hamburg: Rowohlt 1999.

Neuhaus, Volker: Günter Grass, 2. Auflage, Sammlung Metzler. Stuttgart: Metzler 1992.

Pasche, Wolfgang: Interpretationshilfen Exilromane: Klaus Mann, Mephisto; Irmgard Keun, Nach Mitternacht; Anna Seghers, Das siebte Kreuz. Stuttgart/Dresden: Klett 1993.

Der Zweite Weltkrieg und die Exilanten: eine literarische Antwort. Hrsg. von Helmut F. Pfanner. Studien zur Literatur der Modernen, Band 21. Bonn/Berlin: Bouvier 1991.

Piirainen, Ilpo Tapani: Textbezogene Untersuchungen über „Katz und Maus" und „Hundejahre" von Günther Grass. Europäische Hochschulschriften. Bern: Lang 1968.

Pischel, Joseph: Lion Feuchtwanger, Versuch über Leben und Werk. Röderberg Biographien. Frankfurt am Main: Röderberg 1984.

Reddick, John: The „Danziger Trilogy" of Günter Grass, A Study of The Tin Drum, Cat and Mouse and Dog Years. London: Secker und Warburg 1975.

Reich-Ranicki, Marcel: Günter Grass. Zürich: Ammann 1992.

Reich-Ranicki, Marcel: „Günther Grass: ‚Hundejahre'". In: Grass, Kritik – Thesen – Analysen. Hrsg. von Jurgensen. Bern/München: Francke 1973, S. 21-30.

Reich-Ranicki, Marcel: Die Ungeliebten, Sieben Emigranten aus Wissenschaft und Dichtung. Stuttgart: Neske 1968.

Richter, Frank-Raymund: Günter Grass, Die Vergangenheitsbewältigung in der Danzig-Triologie. Bonn: Bouvier 1979.

Richter, Frank: Die zerschlagene Wirklichkeit, Überlegungen zur Form der Danzig-Triologie von Günter Grass. Abhandlungen zur Kunst-, Musik- und Literaturwissenschaft, Band 235. Bonn: Bouvier 1977.

Rothenberg, Jürgen: Günter Grass, Das Chaos in der verbesserten Ausführung, Zeitgeschichte als Thema und Aufgabe des Prosawerkes. Heidelberg: Winter 1976.

Sandkühler, Thomas und Schmuhl, Hans-Walter: „Milgram für Historiker, Reichweite und Grenzen einer Übertragung des Milgram- Experiments auf den Nationalsozialismus". In: Milgram und die Täter des Holocaust. Hrsg. von Michael Baurmann und Anton Leist. Analyse und Kritik, Zeitschrift für Sozialwissenschaften, 20. Jahrgang, Düsseldorf: Oktober 1998, S. 1-24.

Schneider, Sigrid: „‚Double, double, toil and trouble', Kritisches Zu Lion Feuchtwangers Roman ‚Die Brüder Lautensack'". In: Modern Language Notes, Volume 95, Nummer 3, Baltimore, April 1980, S. 641-654.

Scholl, Joachim: In der Gemeinschaft des Erzählers, Studien zur Restitution des Epischen im deutschen Gegenwartsroman. Heidelberg: Winter 1990.

Schröder, Susanne: Erzählerfiguren und Erzählperspektive in Günter Grass` „Danziger Trilogie". Europäische Hochschulschriften, Reihe I, Deutsche Sprache und Literatur, Band 784. Frankfurt am Main: Lang 1986.

Silbermann, Marc: „Schreiben als öffentliche Angelegenheit. Lesestrategien des Romans ‚Hundejahre'". In. Zu Günter Grass, Geschichte auf dem poetischen Prüfstand. Hrsg. von Manfred Durzak. Stuttgart: Klett 1985, S. 80-95.

Sodeikat, Ernst: Schreib Günter Grass eine Danziger-Saga?, Ergebnisse einer Analyse der Bücher „Die Blechtrommel" und „Hundejahre". Hannover: 1969.

Spangenberg, Eberhard: Karriere eines Romans, Mephisto, Klaus Mann und Gustaf Gründgens. Hamburg: Rowohlt 1986.

Deutsche Exilliteratur seit 1933. Hrsg. von J. M. Spalek und J. Strelka. Band 1, Kalifornien. München: Francke 1976.

Stallmann, Klaus: Gespräche mit Günter Grass, o. O., o.V., o.J.

Sternburg, Wilhelm von: Lion Feuchtwanger, Ein deutscher Schriftsteller. Berlin: Ullstein 1999.

Lion Feuchtwanger, Materialien zu Leben und Werk, Informationen und Materialien. Hrsg. von Wilhelm von Sternburg. Frankfurt am Main: Fischer 1989.

Sternburg, Wilehelm von: Lion Feuchtwanger, Ein deutsches Schriftstellerleben. Königstein: Athenäum 1984.

Stolz, Dieter: Günter Grass zur Einführung. Hamburg: Junius 1999.

Studienbibliothek zur Geschichte der Arbeiterbewegung (Hrsg.): Deutsch für Deutsche (Tarnzeitschrift), Zürich, 1978

Taureck, Margot: „Gespiegelte Zeitgeschichte. Zu Lion Feuchtwangers Romanen ‚Der falsche Nero', ‚Die Brüder Lautensack' und ‚Simone'". In: Lion Feuchtwanger, Materialien zu Leben und Werk, Informationen und Materialien. Hrsg. von Wilhelm von Sternburg. Frankfurt am Main: Fischer 1989, S. 151-174.

Trachtenberg, Joshua: The Devil and the Jews, The Medieval Conception of the Jew and Its Relation to Modern Anti-Semitism. Philadelphia: Jewish Publication Sociation of America 1961.

Urs, Jenny: „Tanz auf dem Vilkan. Mephisto, Die Gründgens-Legende." In: Der Spiegel, 35. Jahrgang, Nummer 40, 28.9.1981, S. 228-239.

Vormweg, Heinrich: Günter Grass. Reinbek bei Hamburg: Rowohlt 2002.

Weber, Max: Wirtschaft und Gesellschaft, Grundriß der verstehenden Soziologie. Band 1, 5. rev. Auflage. Tübingen: Mohr 1972.

Weber, Max: Wirtschaft und Gesellschaft, Grundriß der verstehenden Soziologie. Band 2, 5. rev. Auflage. Tübingen: Mohr 1972.

Weil, Bernd: Klaus Mann: Leben und literarisches Werk im Exil. Frankfurt am Main: Fischer 1983.

Winckler, Lutz: „Artist und Aktivist". In: Klaus Mann. Hrsg. von Heinz Ludwig Arnold. Text und Kritik, Zeitschrift für Literatur, Heft 93/94. Göttingen: edition text und kritik Januar 1987, S. 73-88.

Klaus Mann, Werk und Wirkung. Hrsg. von Rudolf Wolff. Bonn: Bouvier 1984.

Zeyer, René: Lion Feuchtwangers historischer Roman, Eine Untersuchung der Denkformen eines Romanciers. Züriseher Diss. Zürich: Copy Quick 1985.

Internetquellen

„1884 – 1950 – Emil Jannings – Schauspieler".
www.dhm.de/lemo/html/biografien/JanningsEmil/ - Stand: 02.01.2004.

„Emil Jannings". www.cyranos.ch/smjann-d.htm - Stand: 02.01.2004.

Zimbardo, Philip: „Stanford-Gefängnis-Experiment".
www.prisonexp.org./german/slide1g.htm – Stand: 26.1.2004.

„I. Abschnitt: Monarchie und Erste Republik. Kapitel 1".
www.sbg.ac.at/ges/dipldiss/flandera/ein.htm - Stand: 14.02.2004.

www.ingramcontent.com/pod-product-compliance
Lightning Source LLC
Chambersburg PA
CBHW030445300426
44112CB00009B/1174